U0403037

解码理工男

王 喆　陈 栋——主编

華中科技大學出版社
http://press.hust.edu.cn
中国·武汉

图书在版编目(CIP)数据

解码理工男 / 王喆，陈栋主编. —武汉：华中科技大学出版社，2024.6（2024.6重印）
ISBN 978-7-5772-0533-5

Ⅰ.①解… Ⅱ.①王… ②陈… Ⅲ.①企业家—事迹—中国—现代
Ⅳ.①K825.38

中国国家版本馆CIP数据核字（2024）第045006号

解码理工男
Jiema Ligongnan
王 喆 陈 栋 主编

策划编辑：娄志敏 杨 帆
责任编辑：肖诗言
封面设计：琥珀视觉
责任校对：刘小雨
责任监印：朱 玢
出版发行：华中科技大学出版社（中国·武汉） 电话：（027）81321913
武汉市东湖新技术开发区华工科技园 邮编：430223
印 刷：武汉精一佳印刷有限公司
开 本：710mm×1000mm 1/16
印 张：17
字 数：186千字
版 次：2024年6月第1版第2次印刷
定 价：88.00元

编　委

鸣　谢

华中科技大学

北京校友会　上海校友会　广州校友会

深圳校友会　武汉校友会　浙江校友会

青岛校友会　海南校友会　广西校友会

桂林校友会　湖南校友会　南昌校友会

西安校友会　南京校友会　扬州校友会

无锡校友会　郑州校友会　珠海校友会

天津校友会　甘肃校友会　福建校友会

厦门校友会

华中科技大学原校长、中国工程院院士　李培根

这无疑是一群成功的理工男！他们成长之路各异，显而易见的共同点是坚持的力量。倘若细读《解码理工男》，慢慢品来，你能体会到不一样的、真正的成功“密码”！

财经作家　吴晓波

成功只有一个理由，失败却有千万种借口。打开《解码理工男》，我们可以感受到新时代企业家精神迸发出的无穷力量，更能看到科技强国、产业报国的光明未来。因为，这群理工男身上有一种共同的品质——坚定且执着。推动新质生产力发展，迫切需要理工男身上这种坚定且执着的企业家精神！

经济学家　向松祚

“学好数理化，走遍天下都不怕！”当年理工男的激情口号响彻神州。现在看来，这个口号仍然没有过时。《解码理工男》的故事精彩纷呈，催人奋进！他们的奋斗历程曲折惊险，却殊途同归，在不同领域创造出辉煌人生！

得到App创始人、《罗辑思维》主讲人　罗振宇

创业路上没有捷径，唯一的方法就是脚踏实地、奋勇向前。在《解码理工男》中，我们不仅看到了这群理工男的光荣与梦想，也看到了他们创业背后的心酸与泪水。作为华中科技大学校友，我与这群理工男或是有过学习、生活、工作上的交集，抑或只是擦肩而过，但我始终都能感受到他们创新创业的气息和奋斗奋进的勇气！

华中科技大学北京校友会会长、华中科技大学企业家协会会长、物美科技集团CEO、金融界集团董事长　张斌

理工男是中国科技发展的缩影，是中国高等教育发展的缩影，是改革开放以来一代科技知识分子奋发图强的缩影，是中国式现代化的永久记忆！《解码理工男》是对此最好的诠释！

华中科技大学深圳校友会会长、深圳神州通集团总裁　喻子达

理工男，他们曾有共同的求学经历，但又分别在不同的领域里取得了事业的成功，从企业家、投资家到经济学家等。是不是可以说，理工男共同的求学经历里有可以催生事业成功的共性因素，或者说“密码”？尽管他们性格迥异。《解码理工男》正是从不同角度揭示了不同性格、不同行业的理工男事业成功背后的底层逻辑和关键密码。值得一读。

长安私人资本创始合伙人　屈向军

华中科技大学的历史就是一部独辟蹊径、开放办学的创新式跃升的历史，每一代华科大人的血液里都被注入了奋发图强、自主创新的基因。正因为这是一种基因，所以它还会被延续和传承下去。华科大在2017年成立了全国高校首个创新教育与批判性思维研究中心。最早在老校长杨叔子院士的支持下，教育部高等学校文化素质教育指导委员会正式批准成立批判性思维与创新教育分指导委员会（筹），其后李培根院士任华科大创新教育与批判性思维研究中心主任，现任校长尤政院士2023年在《中国教育报》发文，倡导批判性思维。这是我理解的理工男成长成才成功的背景。

湖北欧美同学会常务理事、成龙影视传媒学院创始人　魏彬（女）

理工男——源于一个特定时代的称谓，亦是一个群体的文化表征。愿他们身上的那份情怀与精神，延续在当下与未来，无谓理工，不分男女。

序言

梦想的力量无穷大

每个人都有梦想。梦想往往来自人们内心深处的愿望和渴望，只有把梦想付诸实践，才有实现的可能。有意义的人生，注定是筑梦、追梦、圆梦的精彩历程。在追梦征途中，有顺境和机遇，也有困境和挑战。对每一个追梦人而言，只有经历过成长的考验，方知梦想的力量有多大。

伴随着新一轮信息革命浪潮，理工男群体已经成为人们关注的焦点。从字面上看，理工男是指那些学习理工科专业的男性群体。了解他们的经历后可以发现，这个群体目标清晰、思维理性、执行力强、具有理想情怀，其中很多人成为新时代创业者。环视当下，华中科技大学的理工男群体具有典型性和代表性。

为了真正读懂理工男群体，我们策划出版《解码理工男》一书，并积极配合《理工男》电影上映活动，旨在大力弘扬华中科技大学“明德厚学、求是创新”的校训精神和“敢于竞争、善于转化”的优良传统。解码理工男群体的成功密钥，见证理工男群体的创业宣言，从而鼓舞、激励并引领每一个不甘平凡、不负青春的有志之士。

《解码理工男》以“科技强国、产业报国”为主线，积极探寻黄立、马新强、周云杰、喻鹏、黄晓庆、黄沛、李军、柴再希、张小龙、巴曙松、李玮、杨永智、姚欣、李通、雷彬艺等15位华科大理工男杰出代表成长成才成功的密码。这群理工男的传奇人生就是一首首为创业而战、向梦想进发的奋斗之诗、青春之歌。

心中有梦想，脚下有力量。从这群理工男身上，我们可以读懂一个浅显却深刻的道理：梦想的力量无穷大。

梦想是一切奋斗的起点，追逐梦想是奋斗者的最美姿态。从一定意义上讲，梦想是一个人奋勇前行的指南针和动力源。梦想不仅可以给予人们希望和能量，驱使人们不断努力向前，还能鞭策人们走出舒适区、勇闯未知领域，追求更好的自己，成就最好的自己。《解码理工男》里集中呈现的这群华科大理工男，用青春书写了“科技强国、产业报国”梦想的别样精彩人生，一往无前，受人尊重，让人敬佩。

梦想可以让平凡变得伟大，也可以让平凡和伟大更好地相伴相生。一个人有了梦想，就有了反思自我的勇气、克难攻坚的底气和梦想成真的志气。人们每向梦想前进一步，筑梦的信仰就会更加执着，追梦的信念就会更加坚定，圆梦的信心就会更加充足。透视《解码理工男》，我们要学习这群理工男身上怀揣梦想、乘风破浪、感恩于心、执着于行的品质，更要学习这群理工男心中始终不忘培植科学家情怀、弘扬企业家精神的格局。

梦想只有付诸行动，才能成就美好未来。一个有梦想、肯奋斗的民族，是不可战胜的。同样，一个有梦想、愿行动的个体，是不可低估的。令人备受鼓舞的是，以华中科技大学校友群体为代表的一批又一批理工男，在逐光追梦、立己达人的同时，坚持把敢于竞争、善于转化的创新创业品质落实到具体行动中，用豪情壮志拼出一条条阳关道、干出一番番新事业、打出一片片新天地，逐渐达到超越旧我、超越自我、超越小我、成就大我的境界。

事实表明，梦想的实现绝非一帆风顺，更不是一劳永逸的。若要实现梦想，我们就必须树立坚定的信念，保持高昂的斗志，付出艰辛的努力，开展创新的探索，培养感恩的心态，努力在平凡中创造不平凡，在胜利中走向新胜利。《解码理工男》中所深入采访的这群理工男，无一不是通过发奋图强、自主创新，历经艰苦创业，接受精神洗礼，最终成为新时代创新创业人才的杰出代表。

难行能行，坚定前行。总有一种力量，激励我们奋勇前行。我们期待并坚信，越来越多的理工男正在用自身真实鲜活的创业历程和人生感悟向世人宣告——梦想的力量是无法估量的，个人的命运是可以改变的，我们必须把命运牢牢掌握在自己手中。这无疑是对理工男精神坐标的最好标注。

目录

001 | **初心的力量，让我走得更远**
——武汉高德红外股份有限公司董事长 黄立

013 | **创业，在另辟蹊径中坚守热爱**
——华工科技产业股份有限公司董事长 马新强

025 | **成功的道路并不拥挤，因为坚持的人太少**
——海尔集团董事局主席、CEO 周云杰

039 | **所有成功的背后，都有不为人知的艰辛**
——武汉伟鹏控股集团有限公司董事长 喻鹏

053 | **用坚持改变世界的“疯狂”工程师**
——达闼机器人股份有限公司董事长兼 CEO 黄晓庆

065 | **强“芯”之路，强国之志**
——元鸱资本创始合伙人 黄沛

077 | 将创新进行到底的拓荒者
——利亚德光电股份有限公司董事长兼总裁 李军

089 | 只有你善待时光，时光才会不辜负你
——天津元顺物流集团有限公司董事长 柴再希

103 | 改变人们生活方式的“微信之父”
——腾讯公司微信事业群总裁 张小龙

113 | 博观约取，厚积薄发
——北京大学汇丰金融研究院执行院长 巴曙松

129 | 人生的意义：有理想，在路上
——罗克佳华科技集团股份有限公司董事长 李玮

145 | 雄心雌伏，勇往直前
——北京阿博茨科技有限公司 CEO 杨永智

163 | 以终为始，坚持不懈
——派欧云计算（上海）有限公司董事长 姚欣

179 | 创新成就梦想之路：从行业破冰到商业蝶变
——上海擎朗智能科技有限公司创始人兼 CEO 李通

初心的力量，让我走得更远

——武汉高德红外股份有限公司董事长 **黄立**

个人档案

黄 立

出生年份：1963 年
籍　　贯：江西樟树

学习经历

1980—1984 年　就读于华中工学院无线电工程系（现华中科技大学电子信息与通信学院）无线电技术专业，获学士学位

1984—1987 年　就读于华中工学院电子与信息工程系（现华中科技大学电子信息与通信学院）通信与电子系统专业，获硕士学位

工作履历

1987—1998 年　就职于湖北省电力试验研究所

1999 年至今　武汉市高德电气有限公司董事长

2004 年至今　武汉高德红外股份有限公司党委书记、董事长

主要社会职务

2017 年　全国工商联第十二届执行委员会副主席

2018 年　第十三届全国政协委员

2022 年　第十三届中国民间商会副会长

2023 年　第十四届全国人大代表

主要成就

2018 年　入选“改革开放 40 年百名杰出民营企业家”

2019 年　被授予第五届“全国非公有制经济人士优秀中国特色社会主义事业建设者”称号，湖北省十大杰出“光彩之星”荣誉称号

2020 年　被授予“全国劳动模范”称号

2021 年　荣获首届“湖北省杰出人才奖”，入选首批“湖北省特级专家”，被评为湖北省光彩事业助力乡村振兴、社会公益“光彩之星”

鲲鹏击浪从兹始

大学是人生中充满活力与憧憬的阶段，美好记忆令人难忘。

大学期间，我热爱各种文体活动，经常参加学校的各种比赛，足球、篮球、排球、羽毛球等项目样样都来，还是校排球队主力。此外，我还组建了一支乐队，并担任乐队主唱。这些文体活动，丰富了我的大学生活，强健了我的体魄，培养了我的团队合作精神。这些爱

1986 年参加在成都举办的全国研究生排球赛，照片中女队来自武汉大学，男队来自华中工学院

好一直持续到现在，已成为习惯，我现在还坚持每周打羽毛球，定期踢足球，经常参加华中科技大学校友会的足球比赛。我喜欢运筹帷幄，中场调度，为队友创造进球良机，也擅长摧城拔寨，头顶脚踢，更享受进球的快乐。2013 年，我们公司总部迁至光谷，园区一直保留着一块足球场地。2017 年，我在天津出差，路过“快乐男声”天津唱区海选现场，上台唱了两首，轻松晋级，这事儿还上了网络热搜。

在学业上，我研究生就读于华中工学院电子与信息工程系，方向是红外技术，这在当时是一个较新的领域。刚开始，我感到这个领域非常神秘和复杂，甚至有点让人望而却步，但我相信这个领域有着巨大前景。所以，我一有空就泡在图书馆和实验室，阅读大量文献，深入钻研和实验，加上老师们的悉心指导，在专业知识上打

下牢固的基础。到了毕业时，我的成绩是全班第一名，毕业论文《红外电视数字相关滤波器的研究》也获得了优秀奖。从此，我这一生和“红外”结下了不解之缘。在学业和文体活动上取得优异成绩的同时，我还担任了学生会主席、研究生会主席等职务，充分锻炼了自己的组织和领导能力。

在我的人生旅程中，华工 7 年学习时光是非常珍贵和重要的，不仅让我掌握了过硬的专业知识和技能，收获了爱情和友情，开阔了眼界，更重要的是培养了我坚韧不拔的品质和积极向上的精神，锻造了我的意志和品格。我后来人生和事业上的每一点进步和成绩，都受益于母校的教育培养。我也将继续发挥校友作用，为母校的发展作出更大贡献。

不忘创业初心　勇攀科技巅峰

创新创业成于信念，一定要坚守住初心

我从华工毕业后被分配到湖北省电力试验研究所，工作了12年，获得了27项科研成果和奖项，并成为单位年轻的中层干部。那个年代，垄断行业职工待遇好，收入高、房子大、压力小，终此一生，也很不错。因为青春年少时创业的梦想仍在，所以我毅然决然辞职下海，用30万元的全部积蓄注册了武汉高德公司。创业期间，我认真阅读了大量法律、财务、税务、商务、人际关系等方面的书籍，储备了必要的经营知识，同时也暗自做好了思想准备：万一创业失败，我还能去打工，帮别人维修电器。

创业没有一帆风顺的。在那个年代，起步无比艰难，缺钱、缺

高德红外在海外成立分公司

人，投资风险我一个人扛起，脏活累活也得一个人扛起。出差成了家常便饭，我经常拖着上百斤的行李四处奔波，有时火车没有坐票，就想方设法挤上去，困了就睡在列车地板上；缺资源、缺项目，我几乎整天都在四处求人，时常看冷脸、听酸话；为发展客户经常喝得酩酊大醉……总之，各种苦累、心酸、委屈，我现在都不愿过多回想。

但是，坚定的信念告诉我，科技创新是有前景的，所以在创业初期我就坚持科技创新，坚持技术至上，专注于我的专业——红外热成像技术，生产出了我国当时最先进的红外热成像仪，并且销售到电力、石油、化工等行业。公司逐步储备了一些技术和专利，研发了一些成熟产品，积累了一些客户资源和项目经验。

2003 年是公司发展的分水岭。这一年“非典”，我们的红外热成像技术派上了大用场。为了抗疫，我带着全公司加班加点，使机场、火车站等场所都用上了先进的测温设备，为抗击“非典”作出了重要贡献，受到国家的高度认可。机会只垂青于有准备的人，没有长期的坚持和坚守，就赶不上这一次机遇。

创新创业久于情怀，一定要牢记创业者的责任

我有一个深刻的体会：创新创业一定要紧盯国家急需、社会刚需，在自身发展的同时为祖国建设多做贡献，企业才能做得久、走得远。

2003 年之后，我们做了各种各样的红外热成像设备，运用在国内外石油、电力、化工、国防等各个领域。公司不断开拓市场、扩大经营，终于在 2010 年成功上市。但是这个时候我们的核心元器件——红外探测器芯片，仍然不能进行自主生产，只能从少数欧洲国家进口。芯片是产品的心脏，核心技术没有掌握在自己手里，总有一天会被“卡脖子”。

公司上市后，募集到了大量资金。当时有两种选择，是将资金投入赚钱更快的热门行业，还是继续投入关键核心技术研发？我们选择了后者。将资金大量投入到攻克核心技术上，花了近 10 年时间，终于掌握了红外专业的底层核心技术，并且性能达到国际先进水平。正因为我们的核心芯片实现了完全自主，我们可以自豪地说，在红外领域，我们现在不会被别人“卡脖子”。

2010 年 7 月，高德红外上市

有了自己的红外核心芯片，我们开始致力于红外光电系统和科技装备的研制，建立了几十个专业研究室，成功研制出多种技术领先的科技装备，使我国在红外领域的技术水平达到了世界先进水平。

掌握了关键核心技术，我们不断开拓新的应用场景，除了大众熟知的测温筛查，该技术还广泛运用在电力检测、安防监控、检验检疫、智能辅助驾驶等领域。正因为我们在红外领域深耕多年，储备了大量的技术和人才，所以才能够及时把握市场机遇，实现企业高质量发展。

创业20多年，借着时代的东风，公司发展到了6000多人的规模，这6000多人的背后，是6000多个家庭的生计，是一方社区的幸福和谐。公司积累了数百项专利技术，这数百项创新技术，支撑了科技装备的领先水平。为国家强盛、科技进步、人民幸福尽绵薄之力，是所有高德红外创业者的神圣使命。

创新创业归于发展，一定要不断攀登新的高峰

在我的企业里，有两句话公司上下耳熟能详，一句是“没有做不到的，只有想不到的”，一句是“把创业的精神传下去”。我的本意是时刻警示管理层和全体员工，始终保持居安思危的忧患意识，要生存要发展，就必须不断创新，不断创造，不断攀登新的高峰。这些内容已经成为公司企业文化的重要组成部分。虽然我们在红外领域已经做出了不俗的成绩，但科技创新如逆水行舟，不进则退，创业者哪能停下前进的脚步？

我们面向世界科技前沿，开发新技术、研制新产品的脚步一直没有停歇，近年来着力打造的包含植入式微针、超高速数据传输系统、海量数据存储和 AI 处理平台以及植入设备的一站式植入式脑机接口系统平台，拥有全球首款 6.5 万级通道电极（对比国际领先的埃隆·马斯克旗下 Neuralink，电极通道数为其 20 倍），世界领先智能化、超低功耗的“输出 / 输入”双向神经调控芯片及系统解决方案，将有效填补我国脑机接口研究及应用的产业链空白，将为脑认知的基础研究、重大神经系统疾病的研究与治疗提供科学的手段和解决方案，具有重大科学意义和实际价值。

创新是引领发展的第一动力。“富有之谓大业，日新之谓盛德。”

2010 年高德红外在深交所上市敲钟

企业家创新活动是推动企业创新发展的关键，这坚定了我们走自主创新之路的决心和信心。我将不忘创业初心，坚持自主研发道路，以创新驱动高质量发展，为建设科技强国贡献更大力量。

青年寄语

当代中国青年是与新时代同向同行、共同前进的一代，生逢盛世、肩负重任。行业千差万别，人生无法复制，不论未来从事什么专业，选择什么赛道，但创新的观念不能缺，创业的激情不能少。唯有自强不息、奋斗不止，才能脱颖而出、担当作为。

奋斗是青春最亮丽的底色。作为你们的学长，我就千言万语化作一句话：长空万里，好风正劲，祝各位同学怀抱理想，脚踏实地，奔赴各自的星辰大海！

生当做人杰

死亦为鬼雄

黄立

创业，在另辟蹊径中坚守热爱

——华工科技产业股份有限公司董事长　**马新强**

个人档案

马新强

出生年份：1965 年
籍　　贯：陕西宝鸡

学习经历

1984—1988 年　就读于华中工学院激光专业，获学士学位

工作履历

1988 年　就职于华中理工大学科技处，负责科技成果转化

1990—1992 年　就职于孝感华工高理电子有限公司，从事市场销售

1993—1997 年　孝感华工高理电子有限公司总经理

1997 年　主导武汉华工激光工程有限责任公司科研成果产业化

1999 年　推动华中理工大学部分资产重组；成立华工科技产业股份有限公司，公司于 2000 年成功上市

现今　华工科技产业股份有限公司党委书记、董事长，华中科技大学激光加工国家工程研究中心副主任

主要社会职务

第十二届、第十三届、第十四届全国人大代表

主要成就

国务院政府特殊津贴获得者

实践活动与理论学习同等重要

华中科技大学是改变我一生的地方，是我梦想起航的地方，也是我从农村走向世界的地方。带着对母校的感激，大学毕业后，我就投身于学校科技产业，这一投就是 30 余年。

1984 年，因为一部名为《珊瑚岛上的死光》的电影，我对激光产生了强烈的兴趣。在华中工学院招生办的老师到宝鸡中学招生时，我一眼看到了众多专业中的激光专业。经过一番考虑，我选择了华中工学院。

人生中第一次重要的选择似乎预示着一段奇妙的缘分。当时我怎么也想不到，未来的几十年，我都将和激光结下不解之缘。

那个年代，大家往往崇尚“两耳不闻窗外事，一心只读圣贤书”。因此我的同学们大多循规蹈矩地读着书，而我却热衷于各项社会活动和学生工作，积极参加社会实践，只将一半的精力用在学习上。比如大学暑假，大多数同学要么回家，要么在学校继续上补习班，而我则利用暑假开展了三次社会实践。第一年暑假，我办了一个补习班，主要为中小学生进行功课辅导，一个人收 10 元，50 名学生就收了 500 元，基本上解决了一个学期的学费。第二年暑假，我做起了卖苹果的生意。当时的信息和交通不像现在这样便利，我把苹果从产地运到缺苹果的地区售卖，通过差价实现盈利。第三年暑假，我做起了“易货贸易”——用小麦换西瓜，再利用当时小麦价高于西瓜价的差价获利。这个暑假我挣了1000多元。在1987年，这可是一大笔钱。

因为这三次社会实践，在大学四年里，我不但很少从家里拿钱，还锻炼了自己的社会活动能力，培养了良好的交际能力和思考习惯。

毕业数年后，我回母校和师弟师妹们分享这段经历，并告诉他们：进入大学学习，最终目的就是要增强自己立足社会的能力，在未来的工作中用所学的知识创造业绩，改造社会。但学习效果如何只有通过实践才能真正检验。一个人的成长过程中，实践和学习同样重要。所以，大学期间，不能死读书，而要勇于参加各种社会实践，

马新强（右一）大学时期和同学的合影

在实践中养成主动思考、认真分析、独立解决问题的习惯和能力。

发展无止境，突破无止境

1988 年，我大学毕业了。当时面临着很多的机会，但我并没有像我的同学们那样，选择读研，去政府机关、研究所，或者知名的企业，而是留在学校科技处负责科技成果转化。两年后，我主动申请进入华工的一家校办企业——华工高理电子有限公司做市场销售。当时，我的同学们都很不理解我为什么要做这样的选择，用今天的话说就是“找虐”，当然还有更“虐”的经历。

1993 年，高理公司濒临破产，我又主动请缨出任总经理。那时我 28 岁，家里一穷二白，要问支撑我决定把自己“虐到体无完肤”的信念是什么，那就是一定要干出一番激动人心的事业来。对于从农村考大学到武汉的我来说，无资源、无背景、无资金的“三无”人员在一个发展良好的企业环境中，要想获得超常规的发展是很困难的，必须从没多少人干的事情里面发现机遇、把握机遇，依靠自己的双手打拼，实现人生价值。即使失败，也会积累丰富的经验。

创业有舍亦有得。从 28 岁开始，工作就成了我生活的全部。我舍弃了和家人在一起的时光，舍弃了所谓的面子、自尊。我可以坐上十几个小时甚至几十个小时的车，放下身段接受客户的指责甚至谩骂，为见客户一面可以在大雪纷飞中伫立七八个小时，但是我认为所有的付出都是值得的。高理公司在我接管当年便实现扭亏为盈，现在已经成长为全球最大的家电用温度传感器制造商，占据全球市场七成份额。

时光流逝，初心不改。在之后的时光里，我不断寻找突破之道。1997年，我主导激光研究院科研成果产业化，在和教授们的思想碰撞中，我们最终把实验室教授们认为阳春白雪的产品推向市场。1999年，我推动学校部分资产重组，成立华工科技产业股份有限公司，公司于2000年在深交所成功上市。历经重重困难与挑战，现在的华工科技已经成长为国内外知名的上市公司。

华工科技成立20多年来，我们没有急功近利地去炒股票、做房地产、投资娱乐业、搞零售业，而是沿着“代表国家竞争力，具备国际竞争力”的目标，把资金投在厂房建设、引进设备和人才上。我们深知，工业基础装备的水平是一个国家工业基础能力的重要标志之一。高精尖的激光装备在20世纪七八十年代的欧美发达国家已经规模化应用，而我国是在20世纪90年代才开始有简单的工业应用，真正形成规模化也就是在近十年。

有人估算，十年前，激光装备在工业领域的渗透率不足10%，而今天已经达到了30%以上。为什么会有这样的变化，最关键的一点就是核心部件及装备的国产化。而华工科技对中国激光产业最大的贡献，一是率先探索激光的工业化应用，二是率先推进核心部件的国产化。

我记得，十年前公司从海外采购了一台售价近800万元的万瓦

2000 年，马新强带队收购全球切割系统知名企业 FARLEY-LASERLAB 公司

光纤激光器，还需要美国商务部审批。而今天，我们一套核心部件全部国产化的万瓦级光纤激光切割机的售价不到 200 万元。

不仅仅是光纤激光器，在工业强基领域，华工科技开发出国内首个新能源汽车 PTC 热管理系统，是继德国两家企业后，第三个掌握该领域核心技术的企业。我们针对国内高端光芯片受制于人的状况，开发出 25G、50G 光芯片，800G 硅光芯片，高速率光模块，助力“东数西算”工程……

在激光装备领域，公司开发出国内首套三维五轴激光切割机、国内首条新能源汽车全铝车身激光焊接生产线、国内首套半导体晶圆切割机、国内首套新能源汽车电池托盘焊接系统、国内首套重型激光切管机……通过核心技术的突破实现装备国产化，让更多的中国企业用得起高精尖的工业基础装备，服务制造强国战略。

我们的核心产品不仅在国内市场大放异彩，还销往全球 80 多个国家和地区，成为行业领域代表中国企业参与全球竞争的一支劲旅。

时光倒回到 5 年前，虽然我们的设备已经取得了进入欧盟的通行证——CE 认证，但欧洲客户因长期以来对“中国制造”抱有标签化认知，仍然将公司拒之门外。对此，我们并没有气馁，而是铆足了劲钻研学习欧洲标准，从元器件到工艺，再到机械、电气系统，安全防护系统等不断完善改进，全面达到标准要求。随后，三顾茅庐，对客户许下售后服务“不掉线”的承诺，打开了第一家客户的“心门”。

“砸冰理论”的内涵是，在冰上砸开一个洞后继续在原地多凿几个洞，产生规模效应后，破冰就变得简单了。这些年来，公司在核心技术领域的突破和产品品质的提升等方面让更多海内外客户的态度从观望转变为信任，公司年营业收入也从成立时不到 7000 万元变成 2022 年的 120 多亿元。

在以高标准、严要求著称的海外高端市场站稳脚跟，这只是公司勇于突破的一个缩影。

发展无止境，突破无止境。对于华工科技来说，沿着这 25 年来不懈奋斗开辟的航向，奋力为光电子信息产业发展持续贡献力量，这不是选答题，而是属于我们的必答题。

2022 年 6 月 28 日，习近平总书记到华工激光考察，我向他汇报了公司的创新发展、国产化装备产业化情况，习近平总书记对公

2022 年 6 月 28 日，习近平总书记在华工激光的激光科技馆察看激光技术产业应用展品（照片来源于新华社，2022 年 6 月 29 日）

司技术创新、人才队伍建设，特别是面向工业转型升级需要开发的具有自主知识产权的激光装备给予了充分肯定。临行前，他提出“把科技的命脉掌握在自己手中”的新要求。这对我们科技企业来说既是嘱托，也是指引我们高质量发展的基本方向。新的征途，我和我的同伴们将继续过一山登一峰，跨一沟再越一壑，为我们国家光电子产业发展继续贡献全部的智慧和力量！

创业的道路上，我有许许多多的感悟和经验。在我看来，创业就是不跟风，要保持与众不同。第二次世界大战中，英美盟军开辟第二战场，选择突破德国想不到的诺曼底，而不是强攻德军防守最严密的地方。创业也是同理，我们可以不必跟风去“北上广深”，可以不盲目开发手机软件，也可以不奋不顾身地打造直播平台，而是修炼自己独特的眼光，锻炼自己独特的想法，学会另辟蹊径寻找新的适合自己的道路，成为更好的自己。

创业很苦，但只要认定目标、执着前行，终能品到甘甜。较之北大、清华，华科大建校时间不长，却能够享誉中外，培养、造就诸多院士、企业家，这源于华科大坚韧执着的基因。正是因为这一基因，一代又一代华科大人百折不挠地探索、钻研。我想，这也是华科大人创业的一大优势。

创业一定要有超越利润的目标。创业时一味追求利润容易急功近利、以次充好，这样的企业成不了“百年老店”。因此华工科技一直主张：企业一定要有超越利润的目标。华工科技早期的目标就是“代表国家竞争力，具备国际竞争力”。如今，我们做到了。我们在传感器、激光装备、光通信器件等领域的综合实力已经进入了全球第一阵营。光纤激光器、超快激光器、硅光芯片等一批关键核心技术的突破，增强了产业链的全球竞争力，我们的产品与方案都服务于国民经济重要领域。

20 多年来，我虽然没有积累许多个人财富，但对于推动行业和社会发展而言，我贡献了自己的全部力量。我想说，做实业真的很辛苦，但正是因为千千万万实业者艰苦的付出，才推动了国家和民族的崛起。我也期待着更多的青年能够加入实体经济的行列，共同为推动实体经济的繁荣贡献自己的光和热。

青年寄语

我希望大家能辩证地看待创业，不一定非要自己开公司、做老板才叫创业。在公司的平台上，你摒除打工的心态，孜孜不倦地追求，想方设法地突破，将公司的事业当成自己的事业，也是创业，也将获得很大的发展。

今天的中国面临着前所未有的挑战和机遇，科技自立自强激发着我们创新创业的热情。每个心怀梦想的年轻人都能在这日新月异的时代寻求更加多元的发展机会，比以往任何时候都更有可能迈向出彩的人生。作为前辈，我也愿意和年轻人一起深入这个时代，深入科技产业，打开蕴藏无限可能的未来。

做务实的理想主义者

马新强

成功的道路并不拥挤，因为坚持的人太少

——海尔集团董事局主席、CEO **周云杰**

个人档案

周云杰

出生年份：1966 年
籍　　贯：山东莱州

学习经历

1984—1988 年　就读于华中工学院机械工程二系焊接专业，获学士学位

工作履历

1988—1999 年　就职于青岛海尔电冰箱股份有限公司，历任销售处副处长、二厂厂长、质量部长、副总经理、总经理等职

2000 年　海尔集团副总裁，负责中国市场销售

2004 年　海尔集团副总裁，负责全球市场销售

2009 年　海尔集团高级副总裁、首席市场官

2010 年　海尔集团执行副总裁、首席市场官

2013 年　海尔集团轮值总裁、董事局副主席，海尔电器集团有限公司董事会主席、执行总裁

2016 年底　海尔集团董事局副主席、总裁

2021 年 11 月至今　海尔集团党委书记、董事局主席、首席执行官

主要成就

先后获全国优秀质量管理工作者、第七届国家级企业管理现代化创新成果特等奖、全国优秀企业家、中国管理科学学会第五届管理科学奖（英才奖）、全国五一劳动奖章、全国优秀共产党员、第十二届袁宝华企业管理金奖等荣誉

难忘的大学时光

1984 年夏天，我背上行囊，踏上开往武汉的列车，来到美丽的喻家山脚下，成为华中工学院机械工程二系（现华中科技大学材料学院）焊接专业的一名学子，开启了在江城武汉的求学之路。四年的大学生活，我经历了无数的快乐时光和难忘的成长故事。

回想起那段时光，我深深理解了真正的幸福不在于你拥有多少，而在于你对所拥有的是否珍惜和感恩。那时的我，虽然物质条件并不好，但是我心中充满了对生活的热爱、感激以及对知识的向往，正是这份感激和热爱，让我在困难面前永不退缩，勇往直前。

初入校门，我就遇到了最好的同学和老师。我们班有 33 名同学，大家来自五湖四海，每个人都有不同的教育背景和生活经历。在共同学习生活的过程中，我们很快成为一个紧密的团体，彼此之间互相支持，共同进步。更为庆幸的是，我们遇到一位像家长般关爱我们的班主任——奚素碧老师。她对我们学习上的要求一丝不苟，每一个细节都不放过，帮助我们养成良好的学习习惯；她对我们生活中的照顾细致入微，像对待家人一样，让我们每个学子感受到家的温暖。由于我来自农村贫困家庭，家境的艰难让我早早就深刻理解了生活的不易。奚老师根据学校的规定，给我们班几个贫困家庭的同学申请了助学金，这种援助像一抹温暖的阳光，照进了我们的生活。当我拿到每月 12 元的助学金时，心中十分感动，感恩学校，感恩老师，立志要认真学习，将来成为一个对社会有用的人。

大一下半学期，我不幸患上急性肝炎，住进了学校医院。在将近一个月的住院时间里，我深深感到了友情的可贵。同宿舍的同学余行春、吴杰峰、陆文俊、唐帮云、唐子金、李少祥，利用业余时间关心我、照顾我。他们尽管自身也有许多学业任务，仍然挤出时间为我补习功课。得益于他们的帮忙，生病期间我的学业没有受到影响。我们寝室的七位同学，大家约定并形成了一个习惯，即每晚熄灯后都会讨论一些当下的热点话题。有时候我们的观点可能存在分歧，甚至争执得面红耳赤，但这个过程却让我们建立了深厚的友谊。通过这种方式，我们不仅拓宽了视野，提升了思辨能力，也更加深入地理解了彼此，成为一帮好兄弟。在住院期间，最让我感动的是系主任李志远老师和他的夫人张老师，特别是张老师亲手给我做了一碗西红柿鸡蛋面。如今每每回想起来，我依然能感到每一口汤的甘甜，每一根面的醇香，因为那是我一生中吃过的最美味的一碗面。吃完那碗面后，感觉病痛都减轻了许多。

大二下半学期，经过一年的勤奋学习，我终于争取到了学校奖学金，每个月有 18 元。对我而言，这是一笔相当可观的资金支持。我记得那时候，每当我收到这笔奖学金，我都会小心翼翼地收起来，因为我明白这份资金对我来说意味着什么。每月的助学金和奖学金加起来共计 30 元，按照每天 1 元的伙食标准，可保证我每天中午和晚上都吃上一个荤菜和一个素菜（当时一个荤菜 3 毛 5 分钱，一个素菜 1 毛钱），这对我来说是非常幸福的事情。奖学金的存在，使我得以全心全意地投入学业，并且让我有更多的时间和精力去做我想做的事情，不必去为基本的生活所需而忧虑。生活上的保障让我更加安心地求学，在学习的道路上更加坚定。

大三上半学期，学校举办了一场规模盛大的文艺比赛，我当时担任机二系的文艺部长，深感责任重大。在郑恩焰书记的鼓励和支持下，我与班长刘建民以及同系 85 级材料专业的龚阿玲等组建了一支管弦乐队。我们从一开始就坚定地认为，音乐是灵魂的语言，我们要用音乐表达我们的情感、我们的思想、我们的想象力。因此，基于对音乐的热爱和对每位乐手的尊重，根据每个人的特长进行合理分工，乐队搞得风生水起，充满了生机和活力。我们选择了《西班牙的风》和《在希望的田野上》两首曲子作为比赛的曲目，这两首曲子旋律优美，富有内涵。经过伙伴们精心地练习和不断地调试，最后在比赛中我们成功地演绎出了这两首曲子的独特魅力，赢得了观众的热烈掌声和评委的高度赞誉。记得那届比赛总共设有五个一等奖，我们系就获得了两个一等奖，一个是我们的管弦乐队，另一个是 83 级张旭领衔的男声三重唱。这下改变了“理工男”特色明显的机二系没有艺术细胞的形象，展现了我们理工科学生的艺术特质。唯一遗憾的是，没有把当时最有艺术细胞的王喆吸引到乐队，否则我们的节目会更加精彩。

大四下半学期，开始了毕业设计。我和 2 班的施成根、朱才斌一组，选择李志运老师做导师，研究课题是利用激光焊解决金刚石和碳化钨硬质合金的焊接问题。对钻井钻头而言，如果整个钻头都采用金刚石则成本太高，若采用钻头尖部使用金刚石、中部使用碳化钨的方案，则可以显著降低成本，但需要解决焊接接口的强度以及剪切力问题。我们自己设计图纸，联系设备厂家加工焊接设备，三人几乎花了半年时间泡在实验室里，不断调整焊接材料和工艺参数。经历了数不清的失败后，终于有一天测试结果达标了，我兴奋地还原了材料配方和焊接参数，并成功加工出金刚石焊接碳化钨的钻井钻头。据悉，这种钻头后来还被应用于某个油田。

“团结求实、严谨进取”是我们学校的校风，于无声处深深地熏陶着我们，塑造了我们的能力和品格。老师们的引领和教诲，为我们开拓了新的视野，让我们感受到知识的魅力，教会我们如何去思考和理解。同窗之间的深厚友谊，让我们彼此激励，共同成长，这份友情是我们成长路上最坚实的依靠。

感激母校让我成为其中一员，为我提供追求真理、实现自我的平台。大学四年给予我的是终身受益的财富，是对未来生活的无限向往。

坚持做好对的事情

大学期间，我的志向就是要成为一名优秀的工程师，因此在1988年大学毕业后，毅然选择了去距离家乡不远的青岛电冰箱总厂

（1993 年更名为青岛海尔电冰箱股份有限公司）工作。从此，我这位焊接专业的华工学子，就与海尔牢牢地“焊”在了一起。入职之后，我从基层岗位开始，在技术、营销、质量、制造等各个领域都得到了历练，也为日后从事管理工作打下了坚实的基础。在海尔工作的近 36 年里，我经历了无数次的挑战与困境，也收获了许多宝贵的知识和经验。

机会总是留给有准备的人

在工作的第二年，有一次公司安排我去山东东营考察市场。我到东营后走访了海尔在东营的每一家销售网点，与老板、店员、用户深度交流，甚至还跑去对手网点了解情况，结合自己工作之余所学的营销知识，形成一份详尽的市场调研报告，获得了公司领导邵总的肯定和赏识。他认为这是他目前为止看到的最好的一份调研报告。

20 世纪 90 年代初，公司研发了一款新型立式冷柜。为了打开市场，我自己跑到北京西单商场站柜台，不停地给顾客讲解推销。经过不懈努力，这款冷柜从一开始卖不动，到后来供不应求。当时，中国的家电卖场是没有直销员的，海尔是最早开始建立直销员队伍的公司，而我也是海尔的“第一个直销员”。这些经历为我后来的发展打下了很好的基础。我认为，世界上从不缺少机会，缺少的是发现机会的眼力与把握机会的能力。对于刚刚走向社会的大学生来讲，要想在人生的道路上进步更快，就一定要特别积极、特别努力，全力以赴做好该做的事情。

管理的本质不在于知而在于行

1992 年，我偶然间在火车站看到了一列“毛泽东号”列车，当时就想：我们可不可以打造一列“海尔号”列车？因为当时铁路改革还没有开始，这么做是要冒风险的。青岛铁路局的负责人非常开放并且支持这个做法。于是，我们出钱赞助，命名了一列“琴岛海尔号”。“琴岛海尔号”列车是从青岛发往北京的，当列车一开出，就有人质疑：列车怎么能挂上“海尔号”？这件事情影响很大，媒体报道也非常多，“海尔号”的营销策划获得巨大成功。

2001 年，北京申奥成功。当中央电视台发布了申奥成功的消息后，电视上马上播出了“全球海尔人祝贺中国申奥成功”的广告。借着北京申奥成功的机会，这个营销创意极大地提升了海尔的品牌形象。2008年北京奥运会期间，不同于直接奖励获得金牌的运动员金钱的做法，我们则启动了“一枚金牌，一所希望小学”的公益计划，即中国运动员每获得一枚金牌，海尔就为贫困地区的孩子捐建一所“希望小学”。这项计划不但诠释了奥运精神，更承载了深刻的社会意义，广受好评。当年我们捐建了51所“海尔希望小学”。

现代管理学之父彼得·德鲁克说：“管理是一种实践，其本质不在于知而在于行；其验证不在于逻辑，而在于成果。”我认为，学过多少营销理念、管理知识并不重要，关键在于领悟了多少、能够运用多少。能够创新应用才会产生价值，用别人没有用过的办法，解决别人没有解决的问题，就是创新。

管理即借力

在海尔工作几年后，我主动申请下基层，到冰箱二厂担任副厂长，当“工头”管理工人。虽然我学的是焊接专业，但毕业后的几年一直没有从事与专业相关的工作，对冰箱制造生产的各个工序并不懂，资深的技术工人“不服管”怎么办？到任以后，我拜访了20多位技术人员、工艺员和维修工，梳理了建厂以来遇到的所有问题，总结了大家多年的经验教训，把这些内容整理成了156道工序卡，明确每一道工序应该怎么干比较好、怎么干不容易出错、出现错误以后如何处理等，为快速处理生产问题、快速培训员工上岗提供了保证，极大地提高了生产效率，二厂的质量水平和工艺水平成为全公司的样板。

随着企业快速发展，在“赛马不相马”的用人机制下，我29岁时成为公司最年轻的总经理，但是对很多事情不懂，甚至连财务报表也看不懂。我找到了在审计局工作的审计师，以他为师，学习如何看财务报表，在干中学、学中干。其实，不管是借技术工人的力整理出156道工序卡，还是借审计师的力学会看财务报表，都是通过借外力弥补自己的不足。管理就是借力，有时候你可能并非专家，但通过充分调度资源，你能发挥的能力就会与所借之力成正比。

与其被动改变，不如主动拥抱变革

20世纪90年代初期，国内家电销售主要依赖大商场、五交化（原来生产、供应、销售五金类、交通电器类、化工类等产品的商业公司）等渠道。我当时在集团负责市场营销方面的工作，发现这些渠道模式不仅单一、覆盖面小，而且产品销售出去后用户信息并没有直接反馈回来。基于对中国家电渠道模式的洞见，海尔集团创始人张瑞敏先生提出海尔要自建零售渠道，形成直接与用户交互的触点。1996年，我负责创建了海尔第一家专卖店，组织推进海尔专卖店体系在全国的建设。目前，海尔已拥有3万多家专卖店，覆盖全国2万多个乡镇，60多万个自然村。无论是在以国美、苏宁为代表的大连锁渠道变革中，还是在以天猫、京东为代表的互联网电商变革中，海尔专卖店始终是海尔家电销售、体验、迭代的中坚力量，支持了海尔的跨越式发展。

随着中国经济快速发展，消费升级的市场趋势凸显。当时中国市场的高端家电以欧美品牌为主，为了抓住消费升级的新机遇，

2006年，我们提出并创立了卡萨帝高端品牌，以高品质产品、高质量服务为消费者提供了更高层次的生活享受方式。经过十多年发展，卡萨帝已成为中国高端家电品牌的绝对引领者，其万元以上的产品在价格高于欧美品牌的前提下，销售量是欧美品牌的2倍之多，在消费升级、为人民提供美好生活的解决方案上走在了前列。没有成功的企业，只有时代的企业。“被动改变，是威胁；主动改变，则是机遇”，优秀的企业要积极顺应时代变化，主动识变、应变、求变。

只要找对了路，就不怕路远

海尔一直坚持要在全球创出中国自己的世界品牌，努力发挥中国品牌在全球配置资源的主导力，按照“先难后易”的原则以本土化促进全球化。大部分企业在进军海外市场时，会选择为国外厂商贴牌代工的方式，因为国际上有个规律，如果要在母国之外创造一个品牌，至少需要8～9年的赔付期。但是，我们从一开始就走上了创自主品牌的出海之路。1999年我到美国，负责在南卡罗来纳州建立海尔在海外的第一个工业园。当时外界有很多的质疑和不解，认为在海外建厂成本高、风险大而且不赚钱。有媒体专门写了一篇文章《提醒张瑞敏》，为海尔在美国建厂的前景担忧。在美国建厂确实冒着很大风险，但我们做了各种论证和预案。我们一步步坚持做自主品牌，创立了本土化研发、本土化制造、本土化销售的“三位一体”模式，为2016年海尔成功收购美国通用电气家电事业部（GEA）打下基础。正是海尔的海外创牌战略以及“人单合一”模

1999 年，海尔美国建厂奠基现场

式，使得 GEA 能迅速融入海尔的体系，并结合美国的文化实现快速发展。海尔改变了中国家电业为海外代工的局面，中国家电产量占全球 56%，中国品牌海外占比 8.5%，其中海尔贡献了 62%，即海外销售的中国品牌家电中，每 10 台就有 6 台是海尔的。我们一开始放弃了相对容易的代工创汇机会和触手可及的企业利润，而选择在发达国家建厂创牌。即便放到现在来看，这一决策也充满了很大的不确定性，需要很大的勇气和决心去推进，但是我们坚持下来了，并且获得了成功。所以，找到正确的目标后，要耐得住寂寞、经得起诱惑，坚定不移地走自己的路。成功是没有捷径可走的。我一直认为，成功的道路并不拥挤，因为坚持的人太少。

在危机中寻找机会

2020年以来，连续三年的新冠疫情影响着世界，给中国经济带来了巨大的冲击和挑战。疫情初期，面对物理空间阻隔、人员交通隔离以及紧急状况下关键物资需求剧增等问题，海尔卡奥斯工业互联网平台依托开放生态和创新资源优势，紧急搭建了医疗物资供需对接平台，通过连接产业体系各端，快速精准地对接供给侧与需求侧的数据信息，有效提高了防治疫情物资的配置效率，同时也为政府的物资调配提供了数据支持。虽然三年的疫情冲击了经济，但也催化了数字经济，加速了社会和企业的数字化转型。卡奥斯平台正是抓住了数字经济的发展机遇，为全球不同行业和规模的企业提供面向不同场景的数字化转型解决方案，实现了快速发展。目前，卡奥斯平台已经链接企业90万家，服务企业16万多家，成长为“独角兽”企业，连续五年位居国家级“跨行业跨领域”工业互联网平台榜首。危与机本就是一个硬币的两面，危机看起来风险很大，其实也蕴含着巨大的机会。在危机中寻找机会，踏准时代节拍，走出自己的节奏，活出自己的精彩，这才是最重要的。

回顾自己的成长经历后发现，是华中科技大学和海尔集团两个“巨人”撑起了我事业发展的风帆。在我的心目中，坚持为用户创造价值始终占据重要位置。为此，我曾连续8年连春节都无法回去陪家人，平均每天工作14个小时。一路走来，虽然艰难且辛苦，但是看着海尔一步步成长为世界一流企业，我的内心充满喜悦。我们面临着百年未有之大变局，处于科技快速迭代的新时代，应对“凡墙都是门”的现实环境，只要坚持理想、脚踏实地、勇于创新、敢于实践，就一定能收获好的成绩。

青年寄语

新时代的未来充满希望与机遇，社会的进步和技术的发展带来了无比广阔的成长空间，给了我们每个人无限的可能。

青春由磨砺而出彩，人生因奋斗而升华。青年朋友们应珍惜时光，保持一颗永不停歇的探索之心，让勇气和坚毅成为前进的动力，用勤奋、创新和拼搏书写美好未来。

希望每位青年朋友都能做最好的自己。正如海明威在《真正的高贵》一书中所写：“优于别人，并不高贵，真正的高贵应该是优于过去的自己。”

没有人有能力预测未来，

预测未来最好的办法就是创造未来！

周懿

所有成功的背后，都有不为人知的艰辛

——武汉伟鹏控股集团有限公司董事长 **喻鹏**

个人档案

喻　鹏

出生年份：1965 年
籍　　贯：湖北黄冈

学习经历

1982—1985 年　就读于现湖北科技学院物理系

1998—1999 年　就读于华中理工大学经济学专业

2006—2008 年　就读于武汉大学经管学院，获 EMBA 硕士学位

2022 年 9 月至今　武汉大学世界经济系博士在读

工作履历

1985—1992 年　武汉市水果湖高中物理教师

1992—1994 年　武汉东湖新技术开发区火炬公司副总经理

1995 年至今　伟鹏控股集团董事长

2016 年至今　申港证券股东、监事会主席

2018 年至今　硅谷科技园董事长

主要社会职务

中国侨商联合会常务副会长、湖北省侨商协会会长、湖北省侨联副主席、湖北省工商联副主席、海外楚商联合会会长

主要成就

2020 年　个人作为抗疫捐赠杰出贡献者受邀出席人民大会堂“全国抗疫表彰大会”，获湖北省总工会“五一劳动奖章”；伟鹏集团获湖北省慈善总会“新冠肺炎疫情防控捐赠突出贡献奖”等

2021 年　获中国侨商联合会“抗疫捐赠突出贡献奖”

锐意进取，饮水思源

我与华中科技大学结缘于20世纪90年代，那时候她还叫华中理工大学。当时，我还是一名高中物理老师。

爱因斯坦曾说，愿普朗克对科学的热爱将继续照亮他未来的道路，并引导他去解决今天理论物理学的最重要的问题。虽然没有想成为一名科学家，但怀着对物理学的热爱，我在大学选择了物理专业，并一直保持着求知欲和上进心。在学习上，我严格要求自己，因此毕业时以“优秀学生会干部”的身份被分配到湖北省武汉市水果湖高级中学任教物理。

20世纪80年代中期，成为一名人民教师是一件特别自豪的事。改革开放以后，我国对科学技术的需求急剧增加，社会上对知识的渴求也愈加强烈，形成了十分浓厚的尊师重教风气。同龄人都羡慕我工作稳定，福利待遇也好，再加上我工作上进，多次被选评为“武汉市优秀青年教师”。朋友们都以为我会终生从事教育事业，但没过多久，我就面临着人生的第一次重大转折。

1992年春天，一段伟大的南国之行如浩荡春风，给华夏大地带来无限的生机与活力，开启了人类经济史上的“中国传奇”。

邓小平南方谈话让我们这帮心中有梦想的年轻人坚定了拼搏奋

斗的信心。“南方谈话”振臂一呼，开发区在全国范围内像雨后春笋般建立起来并开始发展壮大。在这样的大背景下，一大批公职人员、学者纷纷走出体制，投身商海，由此掀起了一股前所未有的“下海潮”。

我经过深思熟虑，决定放弃教师这个“铁饭碗”，前往华中理工大学进修经济学，进入另一个让我更加向往、更加血脉偾张的新天地。

经济学大师萨缪尔森说，在人的一生中，你永远都无法回避经济学。在经济学里，我知道了市场均衡、弹性系数和边际倾向递减，懂得了要根据每个人的比较优势进行工作分配，从而实现最优化，学到了如何追求长期收益，明白了要通过持续学习让未来的自己更有价值，知道了影响 GDP、经济周期、通货膨胀、经济增长等因素的经济指标。我还养成了坚持看新闻联播的习惯，让自己了解更多政策的走向和形势的变化。

通过在华工的学习，我的知识结构得到了改造，思维方式发生了翻天覆地的变化。我获得了一个跳出来看待事物发展的宽广视野，拥有了一个从全周期认识事物的完整视角。

在华工的学习生活不仅对我后来的事业发展有着深刻的影响和帮助，更让我学会了感恩和奉献。校园的一草一木、一山一石，已经成为我生命中不可磨灭的一部分。

一时华科大人，一生华科大情。20 多年来，发展事业的同时，我从来不曾忘记关注和支持母校。2021 年，我为母校捐款 3000 万元，在华科大校园内设立“伟鹏中心”并提供奖励基金，终于实现了多年来为母校的发展添砖加瓦的心愿。

我希望尽自己的绵薄之力，通过“伟鹏中心”和“硅谷小镇青创中心”，为校企搭建联络互通的平台，为优秀人才搭建创新创业的平台，也为中美两国搭建科技交流的平台。我希望借助这两个平台向在校生展示美国硅谷最前沿的科技动态和赛道信息，让有创业意愿的在校学生在大二之后就能像斯坦福大学的学生一样创新创业，帮助他们转化科技成果。同时，我也希望通过“伟鹏中心”让锐意进取、饮水思源、感恩母校的精神在更多学弟学妹身上传承，希望他们能以优异的成绩、优良的品格回馈母校，为社会发展贡献更大的力量。

进修归来，开基创业

从水果湖高中离开后，我来到武汉东湖新技术开发区，在国有企业火炬公司就任副总经理。进入公司后，我做的第一个项目是火炬大厦。

尽管已经有了 7 年的教书经验，但在一个崭新的环境里，我还只是一个职场新人。于是，我从身边的每一件小事做起，从在办公室端茶倒水到买扫把、垃圾桶，从文稿起草到商务接待。因为工作能力突出，没过多久，我就从办公室转去规划经营部门，负责项目

1992年任职火炬公司副总经理

销售。让我自豪的是，当年我们公司所有的文件都是我亲笔起草修改的。这些大小事务虽然烦琐，但是锻炼了我把控项目的前瞻性思维以及综合管理能力。不以事小而不为，我在短短两年里面几乎轮值了公司所有的岗位。正是很多不起眼的小事，让我拥有了较为坚实的管理能力和市场运作能力。

在火炬公司工作两年之后，火炬大厦这个项目因当时特定的社会环境而停工。但我的人生不能止步于此。于是，1995年，我义无反顾地创立了我的第一家公司——伟鹏控股集团。

年近而立，我成了自己和几十名员工的老板。我们齐心协力打造了伟鹏的开山之作——伟鹏大厦写字楼。

伟鹏大厦结构封顶庆功宴

创业初期，我们非常有激情。所有人拧成一股绳，干事创业，拼搏进取。那个年代是个变幻多样的时代，充斥着各种选择与诱惑，身边不乏崛起的炒股“万元户”，有人在证券公司创造财富，也有人选择重新回到体制内。为了不让员工们心有懈怠，我经常鼓励他们，最常说的一句话就是：“我没打算做五十强，但我希望能做五十年！”

一路走来，我有很多共事了 20 多年的老员工。正是因为持之以恒的精神，让我们无论是在面对困难，还是小有成就之时，都选择了继续坚持，才有了今天这个 29 年过去依然蓬勃发展的伟鹏控股集团。

在创业的同时，我也没有停止学习和思考，先后在清华和武大读书进修。我坚信，持续不断地学习从来都不是为了获得文凭，而是为了开阔自己的眼界，让我们能在大势来临之际，具备识别机遇、把握机遇的能力。

进入 21 世纪后，我们把目光投向了时代发展的永恒主题——创新。

硅谷深造，推介家乡

2003 年，我前往硅谷学习深造。我认为，选择正确的创业方向很重要。一旦选择了错误的行业和市场，不管你有多努力，其结果都是陷入“鸡肋”的状态。创业成功的一个关键点就是要找到风口，顺势而为。除了要找到风口，还要耐心地、不断地进行调整，完成一次又一次的升级和跳跃。

正因如此，我们没有满足于现状，开始涉足金融领域，先后投资了美国硅创资本、美国雷鹏资本，主要业务是风投、天使投，并成功投资了会议运营机构——硅谷高创会。不仅如此，我们每年都会创办各种类型的科技交流峰会。2007 年，在长江证券股份制改革过程中，我们选择了投资入股，助推长江证券在深交所上市。

在学习考察国外高科技公司发展的同时，我从 2007 年开始担任美国加州湖北同乡总会会长。远在异乡的我们总会在春节、中秋之时开展热热闹闹的团聚联谊活动，让加州的湖北老乡们齐聚“黄鹤楼餐厅”，听听亲切的家乡话，尝尝地道的湖北味道。看到老乡们愉快灿烂的笑容，作为会长的我也感到特别的快乐和满足。

随着人脉和资源不断积累，我们也想为祖国做一些力所能及的事情。于是，我们承办了一系列“双招双引”工作，希望能在广阔的世界平台推广宣传湖北，为家乡引进更多的高端技术和应用型人才。我们在斯坦福大学做“武汉城市形象推介会”，在中美峰会进行“海外高层次人才恳谈”，在硅谷承办“华侨华人创业发展洽谈会专场”“双谷双创·楚才回家”等活动。

虽然我们在硅谷取得了一定的成就，但从来没有忘记把技术和资源带回国的初心。

回国发展，科技报国

2016年，我们拿下了紧邻长江主轴城市阳台、滨江画廊的豪宅项目——滨江国际金融中心和御玺滨江，项目设计斩获了多个国际大奖。

也是在2016年，为了打造享誉世界的金融中心，聚集高端经济、高效产业，我作为申港证券股份有限公司的股东及监事会主席，在上海自贸区发起并成立“申港证券”。公司屡次荣获外汇交易中心颁发的“年度银行间本币市场活跃交易商”“年度银行间本币市场活跃交易商及优秀债券市场交易商”“年度市场影响力奖－活跃交易商”等奖项。

我们将在投资和孵化领域积累的经验与人脉在金融领域进行布局，为“硅谷小镇·科技园创新创业生态体系”打下坚实基础。2017年，时隔15年，我们带着硅谷持续引领全球科技变革的内生动力、模式和文化重新回到国内，对标全球创新高地硅谷，建设光谷科创大走廊硅谷与光谷“双谷联动”的示范项目“硅谷小镇·科技园”，打造国家级的双创基地、国际化创新创业平台。多年来，我终于等到了将在硅谷的所见所学回报给祖国和家乡的这一天，也印证了那句话——不忘初心，方得始终。

步入社会30多年来，我一直认为身体是革命的本钱，健康是一切的根本，所以我很享受难得的闲暇时光，没事的时候打打球、跑跑步，始终保持着自律健身的习惯。2021年，怀着胆识与希望，我们收并购了武汉驿山休闲产业发展有限公司，让更多的国际赛事走进武汉，助力武汉打造国际健康之都。

初心不改，勇担使命

爱国企业家典范张謇先生曾说：“士负国家之责。”我认为有实力的企业拥有现在，有善心的企业拥有未来。2020年，新冠疫情暴发，我们积极响应，第一时间带领伟鹏为湖北抗疫捐款捐物共计6295万元，号召华人华侨捐款捐物达2亿元。疫情初期，我每天早上醒来的第一件事，就是收集各种相关信息，分析疫情发展态势。

武汉加油
湖北加油
助力湖北
抗击疫情
风雨同舟
祖国加油
伟鹏集团董事长
喻鹏 捐赠
美国加州

偉鵬集團董事長喻鵬 捐贈
风雨同舟
祖国加油
助力湖北
抗击疫情

当得知武汉医疗物资极为紧缺时，我们马上发动海内外各种资源，成立“医疗防护物资采购团队”，采购医用口罩80万只、医用防护服12700件、医用消毒液2000箱、保暖衣3000套等，以最快的速度将物资送达湖北省武汉市、黄冈市、孝感市、咸宁市等医院及基层社区奋战在一线的医护人员手中。

在获悉离汉通道暂时关闭后，我们马上在海内外多个侨团组织中发出“支援武汉捐赠义举”的倡议。各大洲几十个国家的侨领纷纷响应，多场海外侨胞支援湖北武汉抗击疫情捐款捐物行动迅速展开。

教育兴则国家兴。我们深知教育是国家和民族的希望，所以对教育事业尤为关注。近几年，我们先后向华中科技大学捐款3000万元，向武汉大学捐款3000万元，向湖北科技学院捐款2000万元，向武汉市江岸区教育局捐款6500万元修建长春街第二小学，向江岸区慈善会捐款2140万元引进育才小学分校。我们希望对三所高校的捐赠能为战略性新兴产业相关学科的学生、教师、科研等提供奖励资金，更好地培养优秀人才，助力前沿科技成果转化；希望两所小学的修建将进一步扩充武汉优质教育资源，完善城市配套功能，为基础教育提供更加优质的发展环境。

回顾一路走来的创业之旅，从金融证券到科技园再到体育文化，我们始终保持着昂扬向上的奋斗精神，不断学习，提升自我，勇敢把握大势、紧抓机遇，积极承担责任、投身慈善。我坚信，伟鹏一定能走五十年甚至更远！

青年寄语

年轻人没有捷径，每个人都是修行者。所有成功的背后，都有着不为人知的艰辛。创业之路从来都不会是一帆风顺的，机遇与挑战同在，快乐与痛苦并存。只有充分经历困难和挫折，才能够真正地体验最后成功的幸福和喜悦。

人生有两条路：一条需要用心走，叫作梦想；一条需要用脚走，叫作现实。把梦想化作勇气，化作此时此刻的坚持，让时间去证明一切，让未来的你遇见更好的自己。

即使你不知道未来是什么样

也要充满信心地学习和前行。

喻鹏

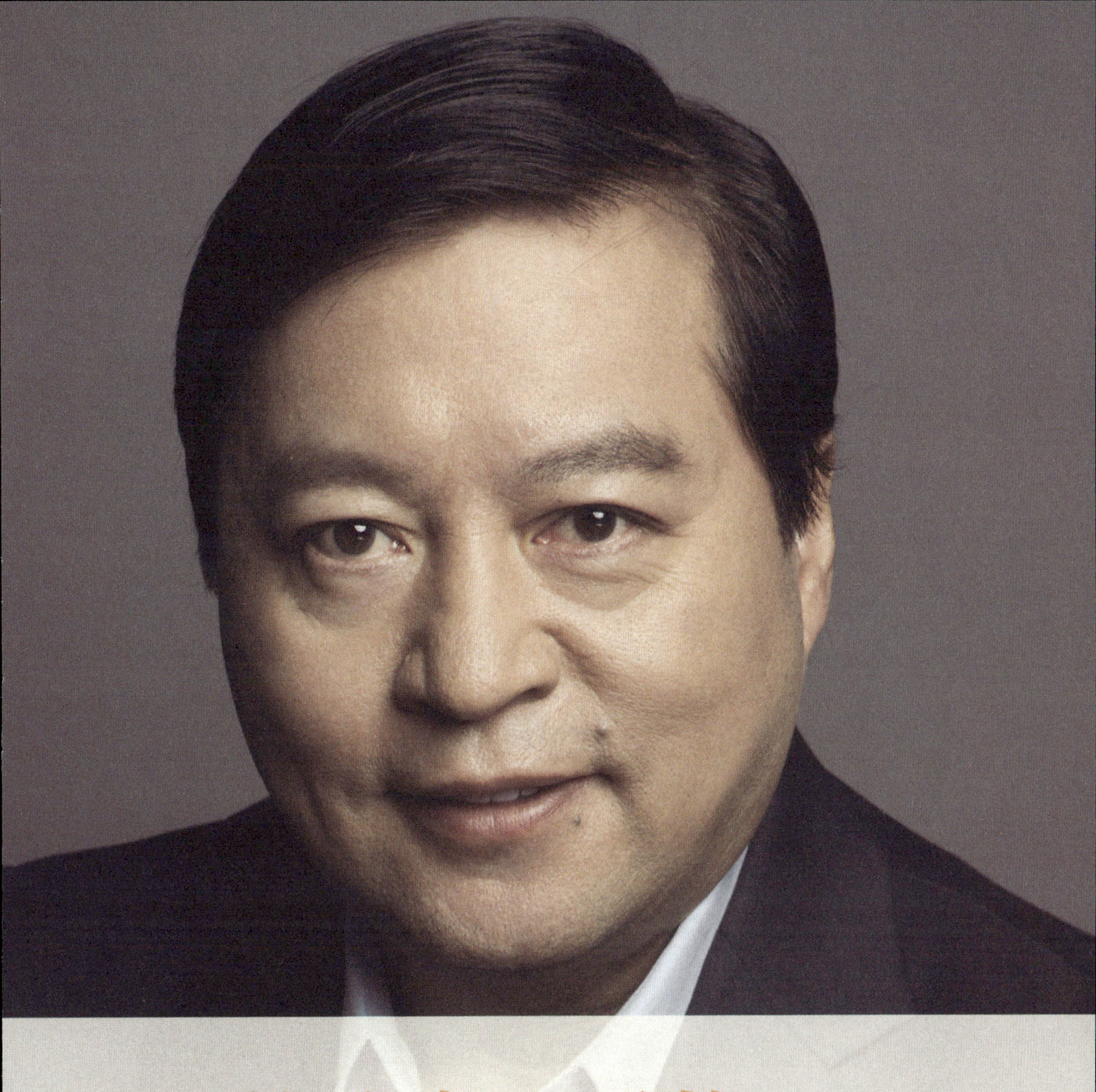

用坚持改变世界的“疯狂”工程师

——达闼机器人股份有限公司董事长兼 CEO **黄晓庆**

个人档案

黄晓庆

出生年份：1962年
籍　　贯：重庆

学习经历

1978—1982年　就读于华中工学院电信系，获电子工程学士学位

1982—1984年　就读于美国伊利诺伊州立大学，获电子工程与计算机科学硕士学位

工作履历

曾任UT斯达康公司高级副总裁兼首席技术官、中国移动研究院院长、华中科技大学电子信息与通信学院院长等职务

现任达闼机器人股份有限公司董事长兼CEO

主要社会职务

中国电子学会云计算专家委员会副主任委员、中国电子学会理事、华中科技大学教授、上海人工智能战略咨询专家委员会专家委员

主要成就

被誉为“云端机器人之父”，在移动通信、软交换、流媒体、多服务运营支撑系统、云计算、智能终端操作系统等方面具有丰富的工程经验和超前的技术战略眼光，是电信行业互联网演进技术及应用领域的开拓者和领军人物，曾亲自领导通信行业领域众多引领世界的技术创新，也为全球在“单一的电话业务—电视机业务—移动互联网业务—云端机器人业务”的历史演进中作出重大贡献，包括：

1995 年　发明“小灵通”无线城市电话，开启电信行业的全方位无线化进程

1997 年　提出“网络即交换”的软交换架构并开启软交换机研发

1999 年　提出“流媒体交换”概念并率先研发运营商级别 IPTV 系统，为互联网电视发展奠定基础

2004 年　完成世界首个 R4 IP 核心网 WCDMA 软交换系统

2007 年　受邀回国担任中国移动通信研究院院长，推动中国移动 TD-LTE 成为 4G 国际主流标准；率先将 Android 操作系统引入中国，并推动开源开放，启动中国移动 OPhone 项目，开启中国移动互联网时代

2015 年　提出“云端机器人”架构，创办达闼，投身“云端机器人”技术及产业发展

2016 年　获国际电气电子工程师协会（IEEE）CQR 主席大奖，表彰其在通信技术及全球通信标准上作出的巨大贡献

2019 年　获聘上海人工智能战略咨询专家委员会专家委员

2022 年　达闼获批科技部“云端机器人国家新一代人工智能开放创新平台”

2023 年　荣获上海市“白玉兰纪念奖”

自愿成为图书管理员

记得当年我的高考分数还不错，所以就被一个比较好的学校给录取了，叫华中工学院，也就是今天的华中科技大学。在高中的时候，我一直都是班长，是孩子头。但是上了大学以后，我突然发现，自己成了班上最后一名。我就琢磨，到底应该用个什么样的方法，才能跟别人不一样，于是我自愿当上了全系的图书管理员。

当时，身边的同学都已经20多岁，甚至30多岁，而我那会还没有成年。关于如何才能找到自己的存在感和位置，我有了自己的想法。我觉得这些大孩子们的社会经验比我丰富，学习努力程度也是我望尘莫及的，自己再怎么努力都不可能当第一，就没有让自己去做那些不可能完成的事。

图书管理员的角色为我打开了一扇新的大门。在当管理员的时候，我发现每年采购杂志的权利，让我有更多机会接触到很多不同的科学领域，还有文学和艺术领域的作品。作为图书管理员，我平时也没什么事，就什么杂志都看、什么书都读，日子过得无忧无虑。

成为武汉市第一个自费留美的学生

1982年，19岁的我作为武汉市第一个留学美国的自费留学生，只身一人前往美国。那年6月，我成为美国伊利诺伊州立大学研究生院第一个从中国来的学生。

正是小时候看了很多发明创造、“十万个为什么”，让我萌生了这样的想法：长大了以后，让自己成为“十万个为什么”里面的主角。于是我远赴他乡，寻找自己的机会。

在科学领域，贝尔实验室是很多科学家向往的地方，很多影响全人类的发明都在这里诞生：晶体管太阳能电池数据交换机、通信卫星、电子数字计算机、蜂窝移动通信设备等等。在贝尔实验室工作过的科学家，其中有15位前后拿过9次诺贝尔奖。

1984年，我硕士毕业后进入Racal Data Communications，跟着从贝尔实验室出来的科班工程师学艺三年，为日后的发展打下了坚实基础；1987年，我追随当时世界上最厉害的技术“综合业务数字网”（ISDN）去了新泽西；1989年，我加入了贝尔实验室，参与研发“宽带ISDN”。

如何才能在这里立足，当时才27岁的我其实心里一直在打鼓。我是一个疯狂的工程师，疯狂地想去改变世界。这么多年来，我对自己的定义从来没有变过。我开始去的时候肯定是充满了自信的，但是去了以后，我就发现我要把这帮人给搞定还真是不容易，最大的难点是要能得到别人的认同。

虽说贝尔实验室堪称电子通信研究的科学圣殿，可我很快发现已有系统太复杂，如果用软件取代硬件，效率会大大提高，可是彻底改变现有系统，必然会得罪很多实验室前辈。后来，我建了个全新的系统，用 CPU、软件来解决本该由硬件解决的问题，把原来的 7 个系统变成 3 个——此举在贝尔实验室激进大胆，也让我一战成名。在贝尔实验室工作的 5 年里，我得到同事们的认可，还记得我的上司对我说："你是我在 20 年职业生涯中碰到的最优秀的工程师。"

推出首款 3G OPhone 手机

1993 年 12 月，我应邀回国考察，在深圳、杭州、北京走了一大圈，受到了极大的震撼。

彼时，中国的面貌正在发生翻天覆地的变化。

我自问：我们出国是为了什么，不就是学先进技术吗？现在国内有这么多的机会，而且又真的需要我们回国帮助，这对我们而言，不正是大有作为的时候吗？

那时候，我太太怀着第二个孩子，全家人都反对我回去，可我觉得不能再等了，毅然决定回中国。

1995 年，我回到杭州，成了 UT 斯达康的前身 Unitech Telecom 创业团队的一员，并带了一批贝尔实验室的同事入伙。1997 年，我回到美国，在硅谷注册了一个新公司 Wacos。我提出的"网络即交换"

1996年，和UT斯达康的同事在长城合影

理论，明确地预言并实现了电信业下一代的交换技术。可能是我所构想的超前市场太多，中国的3G时代来得太晚，“Wacos 3G”项目最终被UT斯达康取消。

2007年，中国移动请我回国建立一个中国的贝尔实验室，这个想法深深打动了我。这些年虽然面对国内的市场，但我的主要研究地点还是在美国。而这一次，我真的打算回国了。

那个时候完全是一颗赤子之心。回国后我出任中国移动研究院院长，经过一系列大刀阔斧的改革，中国移动研究院发生了巨大的变化。

8年的时间，我参与推动了3G向4G的发展，主持了OPhone、大云、C-RAN、MAT、安全车联网等重大项目，推动了TD-LTE的加速商用；我还提出管理、技术人员“双轨”上升通道，发起引进、培养了数千人才。

随着科技进一步发展，我把目光投向互联网入口。OPhone是我到中国移动后提出来的，我认为互联网未来的入口就是智能手机，而智能手机的操作系统就是最核心的技术。

在OPhone的大方向上，我提出了规划，也亲手设计了一些细节亮点，提出“保留联系人的所有相关交互信息”“一键备份与恢复”等功能。正是重视用户体验设计，才使得OPhone的UI成为OPhone的一大亮点。

2009年，首款3G OPhone手机在北京发布，我因此被称为“Ophone之父”。随着时间推移，我的事业也在不断进步和发展。

创办达闼——云端智能机器人领域的领跑者

2012年，我洞察到智能机器人这一未来重要发展领域中，机器人需要一个云端大脑。2014年习近平总书记在两院院士大会上指出，机器人是“制造业皇冠顶端的明珠”，我深受触动和鼓舞。我认为，下一个风暴已经来临，关于“云端机器人”的想法愈发清晰，我相信未来是机器人和人工智能的天下，我能看到中国智能机器人的远大前景，提出智能机器人是继个人计算机、智能手机之后人类的第三台“计算机”。我明白自己必须再次创业了。

2015年，我毅然选择辞职，创办了达闼，踏上了第四次工业革命的浪潮。从某种意义上讲，这也是时代赋予我的使命。1997年我做软交换时，中国在巨大的创新面前是没有准备好的；2007年我回国做4G创新，中国是被逼上去的；但现在，在人工智能和机器人方面，我们正在弯道超车，在云端智能领域已经走在世界的前面了，我们就应该毫不犹豫地大力推进——很有可能十年之后在这个领域领先于世界的就是中国了。有时候一个领域的领先会促使我们在整个时代的领先，前三次工业革命中国都没有领先，这次我们有机会，为什么不呢？

2013年，电信大会，向奚国华董事长（左一）介绍相关展品

达闼是我梦想的延伸，我把美国的硅谷文化带到这里，把自己的中国梦扎根在了这里。作为全球首家云端智能机器人运营商，达闼已经在云端融合智能、高速安全网络、机器人控制技术等前沿领域取得了一系列技术突破，并推出了多款云端智能机器人产品。

智能机器人离我们的生活有多远？有人观望，有人质疑，有人议论，而我认为，信息通信产业发展瞬息万变，我能做的，就是尽可能踩在科技的浪尖上，探索未来世界的精彩。我理想中的智能机器人，拥有人的外形，忠诚、聪明、能干且富有情感。现在达闼的云端智能技术具有实现这个理想的能力，推动云端机器人走进千家万户，是我最终期望实现的目标，也是我创立达闼的初心。

2017 年，在北京与 GSMA 代表团交流

我的快乐一定是来自于不断地为人类解决一些很困难的技术挑战，去做一些看起来貌似不太可能的事情。每当碰到机遇有可能去完成这样的理想时，我就会特别兴奋。我这辈子是不可能退休的，因为我理解的快乐就是，我一直在做自己想做的事情，一直做到最后一分钟。

青年寄语

热爱与坚持

我从小酷爱生物，按我自己的想法，我本来是不会选择通信专业的。很多年之后，我和我父亲开玩笑说，如果当初不是被他“忽悠”，也许我还有机会得个诺贝尔生理学或医学奖。我父亲是教无线电的老师，原来当年我父亲说服我报无线电相关专业是“子承父业”，但这并没有影响我后来对生物科学的不懈追求，读生物学博士的侄女还在我家里惊讶地发现了她都没有读过的生物专业书籍。

随着自己的阅历积累，我逐渐意识到，实际上我热爱的是科学本身，不论是生物、无线电，还是现在的人工智能和机器人。当你下定决心选择了你热爱的，接下来要做的就是坚持。当年马斯克造特斯拉电动车的时候，他以为没几年就做出来了，没想到干了十几年。我在通信行业一干就是三十余载，从硬交换到软交换，从我国 3G 通信标准追赶世界、4G 通信标准并跑到 5G 通信标准引领世界的颠覆性变革，现在中国的云端机器人产业也正蓄势待发，与世界科技巨头同台竞争。一路走来，我们都是“坚持”的受益者。特斯拉成功了，我们的云端机器人也正成为下一代智能机器人的主要方向。

我有一个女儿和一个儿子，作为父亲，我希望他们拥有幸福的人生，一直以来我对他们的教育理念和期待，也分享给更多的当代青少年：hard work, use your brain, persistent, have fun！

人生的未来在于选择方向，
而人生的幸福在于坚持当初的选择！

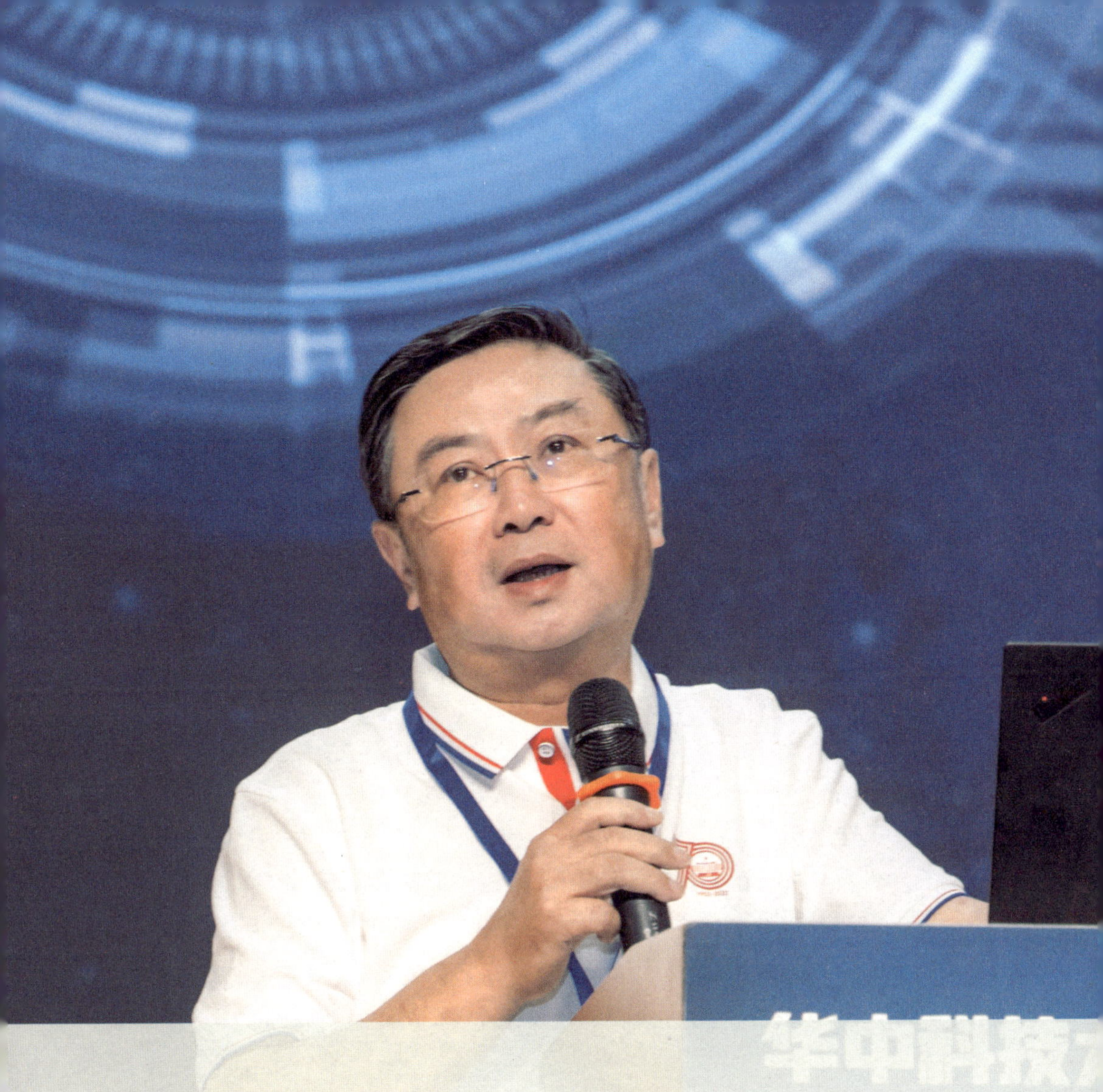

强“芯”之路，强国之志

——元鸥资本创始合伙人　**黄沛**

个人档案

黄 沛

出生年份：1964 年
籍　　贯：湖南长沙

学习经历

1980—1984 年　就读于华中工学院固体电子系半导体专业，获学士学位

1987—1990 年　就读于华中工学院固体电子系半导体专业，获硕士学位

工作履历

30 多年来一直从事半导体行业工作，涉足芯片投资、设计、后道封装、贸易等多个领域

现为元鸱资本创始合伙人、半导体行业专家及资深投资人，投资孵化了二十多家半导体产业公司，所投公司已有多家在科创板上市

主要成就

2022 年　华中科技大学半导体行业校友会会长，华中科技大学集成电路学院兼职教授

风起于青蘋之末

1980 年，刚满 16 岁的我考入华中工学院固体电子系，就读于半导体专业。从那个时候起，我就再也没有离开过这个行业，迄今已有 40 多个年头。

当年之所以报考这个专业，是因为我比较喜欢物理，也崇尚“技术改变社会”的理念。我在刚进大学的时候充满了好奇，很快就被学校优良的学风所吸引，并很快融入了这个氛围之中。那会儿晚上宿舍里是没人的，大家都去了图书室和自习室，去自习经常还抢不到座位。虽然物质生活很简朴，但是学习生活很充实。大学四年，我认真学习专业知识，还涉猎大量人文知识，极大地丰富了自己的知识结构，为我以后的创业打下坚实的基础。用现在的话说，在大学时期我应该是属于情商比较高的类型。本科期间我一直担任班上的生活委员，是班上的活跃分子。

本科四年的学习阶段就这样一路平坦地过去了，1984 年本科毕业后，我被分配到了江苏南通晶体管厂。三年后，我考上研究生，又回到华工，师从王敬义教授，继续攻读自己热爱的半导体专业。

浪成于微澜之间

1990 年研究生毕业后，我选择南下，前往当时改革开放的热土——深圳。那会儿我还年轻，哪能想到自己将在这片土地上耕耘半导体行业，一干就是 30 多年。

20 世纪 90 年代的深圳，是一片创业的热土，这样的氛围让我觉得非常适合个人的发展。于是，我放弃了找一个稳定工作的想法，毅然下海，开始了芯片贸易的创业。

对于这样的选择，我的家人开始并不十分理解：名牌大学研究生毕业，完全可以找一个收入还不错的安稳工作，研究生毕业就选择下海创业，以后没有退休工资，没有医疗社会保障，怎么办？

“我对自己很有信心！”我很庆幸自己当时的坚持。这份自信，来自于母校对我的培养和熏陶，也来自我对自己的绝对自信。以上两点，都被我日后的创业经历一再证明。

我先后在深圳创立了五六家公司，最早创办的公司是从做芯片贸易开始的，做了十来年，在内存芯片领域做到了国内行业前列。

2002年，我又创立芯片设计公司。虽然芯片贸易做得也不错，但我始终不忘自己是半导体专业的，也想靠技术去打开一片天地，通过技术去改变社会。当然也是为了争口气，相信中国人也能做出自己的芯片。

2014年，随着公司业务的发展壮大，事业基础的逐步提升，我又开始了对半导体行业产业链的投资。我觉得随着中国日益强大，中国的半导体行业必然有大力发展的历史契机，凭着对社会发展大势的把握以及专业的评判，这次转型又取得了不小的成功。近十年来，我先后投资孵化了二十多家半导体产业公司，所投公司已有多家在科创板上市。

回顾自己一路的创业经历，我用“创业比较顺，没有遇到过大的波折”来自我总结。困难肯定会经历一些，但我认为自己的特点就是目标明确、坚韧不拔。

我创业和奋斗的经历，刚好处于时代飞速发展的时期，回想起来有很多的惊心动魄，也有很多的精彩纷呈。我认为，读书人除了专业上要精进，更要有责任、有担当，而不是总去计较小的得失，这样才能成大事。正是这样的想法，让我后来成了一名半导体投资人，陆陆续续帮助了很多创业公司，与他们互相帮助、互相成就，也结交了很多行业内的朋友。

奔走在“强芯”路上

在母校就读的7年，是我一生中美好的青春时光。我与夫人也是7年的同学，这份校园爱情使得我对母校的感情更为深厚。

这些年我一直和母校保持着紧密的联系，包括与同行业的校友们。除了一起交流产业信息和专业问题外，有时候我还专门把行业前沿的一些启示分享给母校，助力母校在半导体行业的教学、学术和科研方向的发展。

纵使华科大在中国半导体行业有很多优秀的校友，在很多重要位置和领域发挥着重要的作用，但我发现，该行业的校友们一直缺

黄沛夫妇和华中科技大学原校长李培根院士在一起

2022年，重回大学宿舍

少一个交流的平台。于是，从2018年起，我每年资助几十万筹办华科大半导体行业校友高峰论坛。通过邀请行业的精英们和学校领导、教授一起参会交流，为年轻校友的事业发展、创业提供行业资源和投融资各方面的帮助，得到广大校友们的认可。半导体行业校友高峰论坛到现在已经连续办了5年，也成为校友中乃至行业内一张耀眼的名片，为提升华科大半导体集成电路专业在社会上的影响力作出了巨大贡献。

中国半导体几十年的发展历程，从20世纪80年代到现在，是从无到有，现在拥有基本完备的产业链，这一切让我感触良多。作

母校70年校庆，作为半导体行业校友会会长回母校，与校长尤政院士及半导体行业校友会部分会员合影

为改革开放以来国内最早的一批半导体人，我觉得身上责任特别重大，因此我积极向政府建言献策，为武汉等地的半导体产业布局做了一些努力。

2006年，我作为武汉新芯项目专家委员会成员，力荐新芯存储器项目落户武汉，为今天的长江存储科技有限责任公司这一中国半导体的明珠尽了自己的一份力。

2022年10月，华科大半导体行业校友会在学校正式成立，我当选为半导体行业校友会会长。我认为，中国集成电路行业正处在高速发展的关键时期。几十年来，华科大校友们为中国集成电路事业的发展作出了卓越的贡献，行业内多有推崇与褒奖。发起成立半导体行业校友会是为了更好地集聚校友资源，发挥专委会平台优势，构建创新生态，服务企业技术创新，助力行业高质量发展，为集成电路领域校友创造深度对接市场端的机会，引导广大校友进一步服务地方经济社会发展，用实际行动践行着“服务校友、服务学校、服务社会”的理念。期待广大的华科大半导体校友抓住历史机遇，不懈奋斗，为母校争光，为国家的发展贡献自己的力量！

青年寄语

对于年轻一代，我结合自己的创业和投资经历，给一些创业建议供参考：

中国的半导体行业现在还处于相对落后的状况，路阻且长，任重道远，既是严峻的挑战也是极好的机会，是大势，是必须要达到的目标，也是年轻校友们奋斗拼搏的价值所在。创业是一条不归路，一定要有充分的思想准备，会有千百次的挫折在等着你！坚毅无畏是最必需的品质要求！格局决定了你能走多远，韧性决定了你能走多长。保持敬畏！与最优秀的人一起！一定会成大事！

做时间的朋友
相信坚持的力量
水滴石穿 百折不挠

黄沛

将创新进行到底的拓荒者

——利亚德光电股份有限公司董事长兼总裁 **李军**

个人档案

李 军

出生年份：1964 年

籍　　贯：湖南怀化

学习经历

1981—1985 年　就读于华中工学院管理工程系物流管理专业，获学士学位

1985—1987 年　就读于中国人民大学国民经济计划与管理专业，获硕士学位

1995—1999 年　就读于中国人民大学国民经济计划与管理专业，获博士学位

工作履历

1987—1991 年　任教于中央财经大学

1991—1994 年　蓝通新技术产业（集团）有限公司董事、副总裁

1995—2010 年　北京利亚德电子科技有限公司董事长

2010 年至今　利亚德光电股份有限公司董事长兼总裁

主要社会职务

1998—2005 年　北京市海淀区政协委员

2004—2010 年　中华全国青年联合会常委

2002—2006 年　中国青年企业家协会第八届副会长

2015 年　当选为深圳市人大代表，北京创业板董事长俱乐部主席

2017 年　当选为中关村上市公司协会执行会长、北京市工商联副主席、北京市足球运动协会副主席

2018年　当选为第十三届北京市政协委员

2019年　当选为中关村上市公司协会会长

2020年　当选为中国电子视像行业协会 Mini/Micro LED 显示产业分会会长，受聘为北京市优化营商环境专家咨询委员会委员

2021年　当选为中国上市公司协会副会长

走稳求学之路

1981 年，我从湖南怀化老家考入华中工学院，学习管理工程专业。大学时期打下的工科知识架构和思维方式，让我对科技产品的理解比别人要快一些、容易一些。大学毕业后，我考入中国人民大学，就读于国民经济计划与管理专业。1987 年 7 月，我硕士毕业

与同学在校期间合影

后进入中央财经大学，成为一名讲授宏观经济课程的老师，一干就是四年半。

华工、人大求学，央财任教，让我加深了对全球宏观经济的理解，拓宽了国际视野，在对各地经济发展的认识上能站得更高、看得更远。担任大学老师的这段经历，对我创业和之后利亚德海外并购大有裨益。

中国 LED 显示产业的拓荒者

20 世纪 90 年代初，我在一次展会上看到台湾生产的新型“走马灯”，就是一根灯管上滚动播出字幕，受到吸引的我从此开始与 LED 显示行业结缘。

回到北京，我和北方交通大学（现北京交通大学）的几名老师共同创立校办企业蓝通公司。我从代理销售做起，由此进入 LED 显示行业。

创业维艰。记得当时 LED 还是一个新兴行业，没有订单，我就背着产品到王府井大街挨家挨户推销。随后蓝通公司快速发展，收入在 1993 年已超亿元（中关村产值第 7 名）。后因股改问题始终难以解决，我选择离开，在 1995 年创立了利亚德。

成立之初的利亚德只有 16 人。怀揣梦想的年轻人们在一个租来的小二楼里，开始了一段创新创业之旅。也许是因为“出生”于中关村，一种“无惧失败、革故鼎新”的创业精神在利亚德身上得以传承、发扬。

当时LED显示屏只有单色显示效果，因为技术门槛低，同质化产品多，竞争异常激烈。为了突破产品和市场的局限，我们开始在技术创新上下功夫。经过3年的探索研究，1998年我们成功研发出国内第一款全彩LED显示屏。产品一经面世，就在业内引起强烈反响。

这项创新技术正好赶上了全国火车站都在进行的旅客引导系统电子化、信息化的大规模改造。我们将显示列车时刻表的大屏改造为红、绿两种显示颜色：准点的列车信息是绿色的，晚点的是红色的，车次信息一目了然。只是这一点创新，便让我们拿下全国一半以上的火车站显示大屏的订单。

之后的创新，更是一发不可收拾。

1999年国庆50周年庆典，一辆写着“科学技术是第一生产力”的彩车驶过天安门广场，而车上所搭载的世界首例异型户外全彩LED屏幕就是我们设计制造的。

2002年我们承接了全国70%左右的户外全彩屏市场业务。

2008年北京奥运会开幕式，当璀璨的梦幻五环缓缓升起，当巨型LED画卷演绎中国文化经典，当巨大的“地球仪”随歌声亮相……我们再次用创新技术和产品，惊艳了世界，铸就了永恒的经典。

2010年依靠自主创新和开放合作，我们以“1个明确目标+1000多次试验+6年研发历程+3个强劲同盟”的模式，成功研发出全球首台2.5 mm小间距高清LED电视面板，轰动业界的同时，也开启了 LED 小间距的发展潮流。

技术进步使产品价格愈加亲民，使应用领域越发广阔，我们逐步掌握 LED 显示技术的话语权。从技术创新到技术引领，我一直很自豪，因为我们一直从原创中受益。

我就像一个拓荒者，从在 LED 显示技术创新中走出第一步开始，一切坚持都是为了中国 LED 显示产业的腾飞。

创新是一场自我革命

在“自立自强”的鼓励下，我们始终坚持创新驱动发展，已连续 7 年蝉联全球 LED 显示产品市场占有率第一。

从全彩 LED 到原创小间距 LED，从 Micro LED 标准化、产业化到 Micro LED 黑钻技术进入通用显示阶段，我们用三次技术创新引领并推动产业发展。

现在，“利亚德”已经成为行业领先技术水平、高品质产品和一流服务能力的代名词。“利亚德”三个字源于“利益”亚于“品德”，即德行至上，专注技术和产品。这也是我创立利亚德时的初心。我这个湖南怀化芷江出身的山里孩子，将利亚德带向了世界，让“中国 LED”享誉全球。

当同行深陷价格战的时候，我们早已迈入 Micro LED 技术研发的“深水区”：从 Micro LED 到量子点，从控制芯片到驱动 IC，我们正在为推动 Micro LED 显示技术真正进入消费电子应用领域做出积极的努力。然而，创新一旦走入深水区，孤独便是它的常态。漫长的研发周期，高昂的研发经费，充满不确定性的风险……Micro LED 显示技术的研发之难，是行业的共识。既然如此，我们为何还要义无反顾地投入其中？这背后，我进行了一系列审慎的考量。

底层核心技术即未来。深耕行业 30 多年，我见证了中国 LED 显示产业从 0 到 1 的极速扩张，但同时也看到了在中国企业占领全球市场这一荣耀背后的隐忧——我们是否能持续保持创新能力？

任何一个行业的发展都需要领军者。LED 显示行业还是一个刚起步的产业，还没有像消费电子领域的苹果、三星、索尼一样的超级品牌，所以，需要整个行业为实现关键技术突破而共同努力。

我认为，做企业要有“自己革自己命”的勇气，人云亦云就没戏了。利亚德总是第一个吃螃蟹的，今后我们仍然希望用更先进的技术、更优质的产品，带领中国 LED 企业赢得全世界的尊重。

创新带动产业共同发展

2022 年 2 月 4 日，立春。时隔 14 年，奥林匹克圣火再次在北京鸟巢点燃。透过巨大的三维 LED 舞台，中国用她的浪漫情怀，再度惊艳世界。从 2008 年北京奥运会的“地平画轴”，到 2022 年北京冬奥会的“二十四节气版倒计时”“黄河之水天上来”“奥运五环破冰而出”，节目惊艳效果的背后是国内创新性显示企业向全球观众提交的完美答卷。而这又是利亚德的杰作。

北京冬奥会开幕式上共使用约 11000 m^2 地面显示屏、1200 m^2 冰瀑屏、600 m^2 冰立方屏、1000 m^2 看台屏，由此组成了世界最大的 LED 显示系统，其中利亚德负责搭建超过 70% 的屏幕，以及整体显示系统的设计、运营、维护工作。

相较 2008 年北京奥运会，这一次我们更加自信、从容。这份信心与踏实，源于国内企业“沉甸甸”的技术积累与丰厚“家底”。

如果说 2008 年奥运会是推动国产 LED 产业发展的起点，那么 2022 年北京冬奥会则为 LED 产业再次腾飞拉开序幕。

14 年间，我国显示行业实现了飞跃式成长，走出了从追赶、突破到创新、引领的发展曲线。在这个行业里，不存在技术封锁与“卡脖子”问题，中国企业已经打通了整个产业链、生态链，对此我深感自豪。创新驱动是推动行业可持续发展的永恒逻辑。中国显示产业能有今天这样的成就，有这么高的市场占有率，其动力来源一定是技术领先、创新驱动。

鱼得水而生，鸟乘风而飞。我认为，创新不仅源于自身的努力，也来自开放的胸怀。如今，中国的大门越开越大，创新资源在全球的流动和配置通过全球范围内的合作实现，这符合技术创新的规律。

自 2012 年上市以来，我们通过资本并购、合资建厂、战略合作等多种方式，大力研发新技术新产品。十年间，包括小间距 LED、Micro LED 芯片、巨量转移技术、驱动 IC、ASIC 控制芯片、COG、量子点技术、光学动作捕捉技术等在内的创新成果，始终建立在利用和共享全球科技创新资源的基础之上。

在数字化建设方面，我们携手华为全面升级数字工厂，全面提升生产及管理效率，深圳 SMT 车间获评“全国工人先锋号”。在会议一体机领域，从产品认证到合作营销，与华为、腾讯、钉钉开展深度合作。

创新不是三两天的奋发，而是一场艰苦的持久战。29 年来，当业界纷纷为我们的业绩叫好时，我们却选择了摈弃功利思维，投入更多资金和人力，扎扎实实做好技术创新和产品开发。

创新，归根到底拼的是人才

功以才成，业由才广。硬实力、软实力，归根到底要靠人才实力。历史证明，人才可以推动科技创新、促进产业发展，也可以影响乃至改变世界。谁拥有一流创新人才，谁就能在科技创新、企业发展中占据优势和主导权。

我们紧跟国家发展步伐，坚持创新驱动发展战略，布局全球高端制造生产体系，加快引进和培养优秀人才，研发、生产人才储备充足。

2020 年利亚德获批设立博士后工作站，开始通过高效落地的人才培养方式发展顶层机制和品牌项目；我们还先后与华中科技大学、清华大学、北京大学、中国石油大学、北京理工大学、北京邮电大学、中央美术学院等高校开展合作，共育、共建专业人才，提升产教融合层次水平。

此外，我们将科技资源投入教育事业，让科技之光成为点亮孩子梦想的希望之光。2014年，我们成立“思源·繁星教育基金”，截至目前已累计捐赠款物超7000万元，捐赠智慧教室50余所，资助学生17000余名，资助教师1000余人，并在湖南、内蒙古、新疆等地进行援助援建活动。

展望未来，更绚烂的图景正徐徐展开。面对未来变幻多端的新场景、新玩法，我们将继续保持聚焦主业的专注力、判断力与创新力。追求，抵达，再出发……我们相信，创新的每一步，都足以在时间刻度里留下最闪亮的印记。唯其如此，方能在风险与挑战中抢占市场先机，持续下好行业竞争“先手棋”。

青年寄语

“青年之字典，无‘困难’之字，青年之口头，无‘障碍’之语；惟知跃进，惟知雄飞，惟知本其自由之精神，奇僻之思想，锐敏之直觉，活泼之生命，以创造环境，征服历史。”——李大钊

当代中国青年生逢其时，当不负盛世，以实干笃定前行，以奋斗开启未来；当以梦为马，不负韶华，赓续奋斗精神，厚植青春担当。

新时代的中国青年，应乐观、向上、从容、自信，这是伟大时代赋予你们的精神力量；请不忘初心、牢记使命，不惧风雨，勇于担当，让青春在实现中华民族伟大复兴的实践中绽放更为绚丽的光芒。

善良诚信．博学多艺．
勤奋坚韧．胸怀天下．
乐观大气．青春不息．

李军

只有你善待时光，时光才会不辜负你

——天津元顺物流集团有限公司董事长 **柴再希**

个人档案

柴再希

出生年份：1963 年
籍　　贯：湖北黄冈

学习经历

1982—1986 年　就读于华中工学院物资管理专业，获学士学位

工作履历

1987—1990 年　就职于某船运物流民企，担任副总经理
1990—2009 年　广州市天天船务有限公司总经理
2006 年至今　广州市元红物流有限公司总经理
2006 年至今　天津元顺物流集团有限公司董事长

主要社会职务

华中科技大学广州校友会会长、广州市湖北商会执行会长、广州空港物流协会会长

主要成就

2010 年　元顺物流获得“中国经济发展最具潜力企业”奖
2011 年　在人民大会堂荣获“中国经济优秀人物”奖项

出乡关，学不成名誓不还

湖北浠水，扼南北之交，临长江之通衢，历经1500多年的沉淀，从古至今，人才辈出。1963年，我出生在湖北浠水县的一个贫困的农村家庭。我的成长经历与许多农村孩子一样，充满了艰辛和挑战。在那个年代，我亲身经历了缩衣节食、吃不饱饭的日子。初中毕业后，由于无法继续在学校就读，只有13岁的我就体会到了修水库和干农活的辛劳。

1977年高考恢复后，机会来了。我捡起书本开始自学，有不太懂的地方，就跑到当时的乡镇中学做旁听生。一直到1982年高考，我考入了华中工学院。

我在华工度过的四年时光，是我成长的关键时期。大学四年改变了我的整个人生，让我从一个相对孤僻、狭隘的人变得视野开阔，心胸也更加宽广。在华工，我并没有局限于本专业的学习，而是积极参与各种社团活动及跨学科、跨校的交流。我是一位资深的诗词爱好者，是华中科技大学延续至今的文学社团“夏雨诗社”的创始人之一。在夏雨诗社，我与其他志同道合的同学们一起探讨诗词、写作及朗诵，共同追寻诗意和艺术境界，举办诗歌朗诵比赛、文学讲座和作品分享会，吸引了校内外的许多同学参与其中。

除了文学社团，我还利用业余时间频繁光顾校内的图书馆。我对各个领域的书籍都有浓厚的兴趣，不论是自然科学、人文社科还是艺术文学，我都希望自己能够有所涉猎，以丰富自己的知识储备。在图书馆，我学到了很多理论知识，同时也感受到了文学艺术的魅力。

除了在校内拓宽视野，我还积极参与校外的学术交流，经常利用周末的时间前往武汉大学、华中师范大学等高校旁听课程。我深知知识无边界，因此不仅关注自己专业领域的学习，还积极扩展学科范围，从其他学校的专家学者那里汲取新的知识，以碰撞出新的思想火花。

1986年，学校希望即将毕业的我留校工作，但我早已有了自己的打算。我清楚自己的家庭条件，所以很早就决定毕业后进入企业打拼。世界如此广阔，我想去看看。

然而，在20世纪80年代，高校毕业生仍然受到包分配制度的限制，个人意愿往往要服从组织的安排。“留得下我的人，留不住我的心。”年轻气盛的我曾在系领导面前表达过这样的决绝态度。最终，通过一次在某船运物流民企实习的机会，我被该企业领导看中，并被派往广州开展新业务，这样我的心愿才得以实现。

南下广州，挣到人生第一桶金

1987 年，我毕业不久便决定南下广州。当时，我与几位同事携带着集团提供的 70 万元流动资金，怀揣着对未来的憧憬和雄心壮志，踏上了打拼事业的道路。作为一名从华工毕业的学子，我带有创新基因和对市场的敏锐洞察力，这是我创业的独特优势。

起初，我和我的团队面临着业绩目标的压力。然而，在短短的三年时间里，广州分公司的业绩突飞猛进，固定资产超过 4000 万元。这是我们辛勤努力的结果，也是我们敢于面对挑战并取得成功的证明。与此同时，我的个人职务也一路提升，从部门副主任到主任，再到副总经理。

令我最为难忘的是到广州的第一年，我结识了一位年轻有为的江西合资企业主管。我们通过业务合作建立了深厚的友谊。这位主管邀请我以公司名义参加他的婚礼，我欣然答应。然而，我向上级领导申请前往江西时却未获同意，领导认为这只是单位与单位之间的联系，并不需要我出席。

面对这一情况，我决定自费，又请了几天事假前往江西，为好友送上祝福。这次行程对于我来说是一笔巨大的花销。当时，我的工资很低，路费、住宿费和礼金都是不小的开销。尽管如此，我并未将其中的困难看作是一种负担，而是将其视为对友谊的必然付出。我并未将其中的曲折告诉好友。直到一两年后，好友从别处得知这个故事，深为感动。为了感谢我的付出，他不仅将更多的业务交给我所服务的公司，还表示全力支持我未来的创业计划。

创业的道路并不平坦，我在创业初期就面临着种种困难和压力。然而，我始终坚守着对友谊和诚信的承诺。我的诚信和付出换来了江西合资企业的全力支持，这成为我在创业早期的关键推动力。

1990 年，我决定辞去待遇优厚的工作，自筹一家船运公司。然而在注册过程中，我面临着一个严峻的问题——注册船运公司所需的 20 万元资金证明。对于我来说，这个数额实在是遥不可及，因为当时万元户都很少见，我自己根本无法凑齐数额如此庞大的资金。陷入困境的我不知所措。有一位领导得知我的困境后，主动找到了一位港商朋友，我们称之为“光哥”。在广州花园酒店的大堂咖啡吧，光哥当即给了我 20 万元港币现金，而且没有要求打任何借条，并且

1990 年，创立天天船务后在广州港集装箱码头，对未来充满信心

没有限定还款时间。

凭借着这笔重要的资金，我成功注册了广州市天天船务有限公司，仅用了两个月时间就将这笔钱还给了光哥。为了感谢光哥的无私帮助，我将公司头一年的流水全部放在光哥的账上，将这一年的理财收益作为回报。我坚持认为滴水之恩当涌泉相报，尽管光哥数次劝告我不要这样做，表示这些钱对他的生意来说并不重要。然而，我始终坚持自己的原则，我相信这种做人的态度和感恩回报之心将带来积极的效果。我的船运公司很快树立了良好的口碑，为我赢得了事业上的第一桶金。

居安思危，进军手机物流领域

20 世纪 90 年代末，亚洲金融危机席卷了整个地区，对许多行业造成了巨大的冲击，船运业也不例外。船运公司普遍面临着巨额亏损，尤其是那些拥有船只的公司。然而，我所在的天天船运成功地避开了这一劫，因为我们一直租用船只进行运输，没有资产负债的压力。这一时期的挑战让我认识到这一行业的不稳定性和变动性，促使我开始寻找新的商机和发展方向。

2000 年前后，手机逐渐从少数人拥有的“大哥大”变为大众普遍使用的通信工具，手机市场蓬勃发展。然而当时国内手机物流只能依靠 EMS，无法满足终端店铺更新产品的时效需求。正是在这个关键时刻，我敏锐地嗅到了手机物流市场的潜力。随着手机不断普及，越来越多的人开始购买并频繁更换新机，而当时国内的手机物流领域的服务相对薄弱，无法满足市场的需求，这为我提供了一个难得的商机，我决定进军手机物流领域。

为了抓住这个机会，我于2006年正式创立了广州市元红物流有限公司，将公司的业务重点转向手机物流领域。为了在这个市场中脱颖而出，我需要建立一个高效、可靠的物流网络，并提供卓越的配送服务。为此，我投入大量的精力和资源，打造了一支专业的团队，建立了高效的物流渠道。

为了提高物流服务的质量和效率，我和我的团队开发了一套独特的手机配送信息系统。我聘请了许多高校计算机专业的毕业生，利用他们的专业知识和技术能力，开发了一套能够追踪订单状态、更新信息以及实现溯源功能的系统。这个系统在当时的市场上独一无二，为广州元红赢得了良好的声誉和竞争优势。

在广州元红成为手机物流行业的领军企业后，我受邀参加了诺基亚鼎盛时期的一场合作伙伴聚会。那个时候，诺基亚是全球手机市场的巨头，拥有最先进的技术和最庞大的市场份额。对我来说，参加这次聚会让我感受到了诺基亚的强大，给我带来了巨大的震撼。

然而，就在我参加完这次聚会后不久，诺基亚王朝很快跌落神坛，2013年微软收购了诺基亚的手机部门。没有一个人包括我在内能想到诺基亚会被打垮。这里原本有全世界最好的技术人才、最顶

2007 年，广州元红公司团建

尖的运营团队、最大的市场规模，所有资源都围着它转。苹果等智能手机的崛起让诺基亚失去了市场的主导地位，这对我来说是一个巨大的警示。我深刻认识到，即使是行业的领头羊，也不能因为自身的优势而忽视危机的存在，需要时刻保持警惕和危机意识。

这次经历让我更加坚定了保持危机意识和持续创新的信念。无论企业的业绩多么出色，都不能掉以轻心，因为市场需求和技术的更迭可能随时对企业产生重大影响。我时刻提醒自己和团队要保持警惕，不断寻找创新的机会，以保持企业的竞争力和持续发展的能力。

崭露锋芒，转战进口车物流领域

2001年，随着中国加入世界贸易组织，汽车市场不断发展，汽车进口政策放开，进口汽车市场出现了巨大的商机。我敏锐地观察到这个市场的需求，并意识到进口汽车物流领域的潜力。我认为这是一个有巨大发展空间的新兴市场，决定将业务重点转向进口汽车物流。

为了迎接进口汽车市场的挑战和机遇，我于2006年在天津创办了元顺汽车物流有限公司（后改名“天津元顺物流集团有限公司”），专注于为商品车提供全方位、全产业链的物流服务，包括整车物流仓储服务、维修整备及检测服务、报关报检及海运货代等服务。

为了更好地满足市场需求，我们在多个城市进行业务布局，建立服务基地，在天津、上海、广州、重庆、武汉、合肥等地都设有业务中心。在天津港、上海港、广州港等重要港口，还建设了占地300亩、设施设备一流的服务基地，为德国大众、保时捷、捷豹路虎、福特林肯等高端汽车品牌提供高效、可靠的物流服务。一辆辆进口汽车在元顺人的努力下走进了国门，走进了千家万户。元顺物流也站在了中国汽车市场高速发展的时代风口，一跃成为行业龙头。

发力出口，助力中国汽车走向海外

2015 年天津港“8·12”特别重大火灾爆炸事故、2020 年以来席卷全球的新冠疫情，以及国家对物流行业的政策，使汽车物流迎来了前所未有的挑战。中国进口汽车的黄金期已经渐行渐远。而随着我国制造业崛起，以及国家对新能源技术的大力支持，中国汽车市场原有的供需关系已经被打破，从进口技术支持中国汽车制造，转为中国汽车制造业强势领跑的局面，中国汽车出口量于 2023 年跃居全球第一。

面对这一大势，我选择再次出发，将公司发展战略全面转向汽车出口，在此业务方向全面发力。结合多国际品牌服务优势、港口资源优势以及三港自有资源的属地优势，在国际货运、集港地面服务、仓储物流、货物转运及国外商品车海运统筹等方面，为客户提供更全面、更高效的解决方案，助力中国汽车走向海外。

不忘桑梓，常怀感恩之心

一直以来，我带着我的团队积极参与公益事业。2003 年至今，我们在广西百色资助贫困学生。2010 年，我带领团队两次奔赴玉树灾区，捐资援建玉树第一民族中学，并关怀资助至今。小学和大学是我成长学习道路上最重要的两个节点，为回报母校，2021 年，我捐资改扩建我的启蒙小学——湖北浠水县快岭小学，同时为学校配套了教学及生活设施；2019 年，我参与捐建华中科技大学管理学院智慧教室。

其实，毕业后与母校华中科技大学的联系自 2011 年就开始了。2011 年 9 月 13 日，我接受时任华中科技大学校长李培根院士的邀请，回母校做了第一次校内演讲。后来我碰到刘玉老师，她当时是启明学院副院长，我与她约定了此后每年都在启明学院做一场创业演讲，并坚持了十年。

青年寄语

一个人可以有很多的志向，但将自己和时代发展紧密联系在一起，才是志向的底盘，也是人生的脊梁。

希望你们永葆好奇心和求知欲。好奇与求知是一切创新的源头。

希望你们知行合一，做实干家。“纸上得来终觉浅，绝知此事要躬行。”做到知行合一、以知促行、以行求知。

希望你们善待时光，时光才会善待你们。每一个人的起点不一样，但有了读书之路，我们就可以拥有一样的终点。从来就没有一蹴而就的成功，只有日复一日的努力与坚持。

希望你们拥有发现美的眼睛，丰富自己的精神世界。要富有勇气，活得真诚一些、率真一些、纯粹一些。

一代人有一代人的使命，一代人有一代人的担当。衷心希望你们积极拥抱新时代，奋进新时代，让自己的青春无悔，人生精彩！

生如逆旅

历尽千帆

举重如轻

道阻且长。

2023.9.15

改变人们生活方式的“微信之父”

——腾讯公司微信事业群总裁　**张小龙**

个人档案

张小龙

出生年份：1969 年
籍　　贯：湖南邵阳

学习经历

1987—1991 年　就读于华中工学院电信系，获学士学位
1991—1994 年　就读于华中理工大学电信系，获硕士学位

工作履历

1997 年　发布 FoxMail 1.0 beta（英文版）
2000 年　博大公司收购 FoxMail，任博大副总裁
2005 年　腾讯收购 FoxMail，任腾讯广州研发部总经理
2010 年　开始负责微信项目
2011 年　任腾讯高级副总裁
2014 年　任腾讯微信事业群总裁（高级执行副总裁级别）

主要成就

2012 年　被《华尔街日报》中文版评选为“2012 中国创新人物奖”科技类得主
2014 年　获选“2013 中国科学年度新闻人物”
2015 年　入围“2014 中国互联网年度人物”活动年度人物奖人选
2017 年　被授予“华中科技大学杰出校友”
2019 年　入选“新中国 70 周年百名湖湘人物”榜单
2020 年　入选“2020 中国品牌人物”500 强

大学时代：习惯于“白天睡觉，晚上写程序”

1987年，张小龙考入华中工学院电信系。他是天性话少，也不太爱跟人打交道的性格类型，比较愿意一个人默默思考、研究一些东西，主要的兴趣爱好跟电脑有关，尤其是当有什么新技术新工具出现时。比如当时C语言发布不久，张小龙就开始自学C语言。

张小龙在大学里所修数学类课程全都在90分以上，看成绩显然是个聪明的学生，而且他的体育成绩分数也很高。

当时电信系有几台比较好的电脑，张小龙常常坐在电脑前，一边学习一边琢磨着如何实现自己的兴趣爱好。一旦深度投入，日夜颠倒也成了家常便饭。张小龙的研究生导师向勋贤教授对他的评价是“喜欢捣鼓电脑，喜欢睡懒觉的年轻人”。后来，张小龙一个人一心一意地写FoxMail，基本上也是白天睡觉，晚上写程序。

其他空闲时候，他偶尔跟同学们一起踢足球，看录像，还会在夜深人静的时候和朋友们一起到宿舍外的池塘里钓虾。在空旷的地方静静地等待着，似乎能给予这些年轻人一段内心平静的时光。

母校情深：与 Dian 团队结下不解之缘

1997 年，张小龙发布的 FoxMail，因为很“傻瓜”、很好用，被连续推上了“国产自由软件”的前几名。1999 年，同样是华工电信系本硕连读的学弟陈琦开发的 BBS 论坛的鼠标版软件 CTerm，因为很“傻瓜”、很好用而获评“国产自由软件”前三名。在电信系热心的刘玉老师的帮助下，他们很快在华工出版社出版了一本“口袋书”——《BBS 与 CTerm 问答精粹》。

当时陈琦向刘玉老师建议：“您应该关注和帮助更多校友的作品，比如咱们电信系张小龙师兄的 FoxMail 软件。”刘玉老师马上安装了 FoxMail，体验感应该还不错，就给张小龙写了一封信，信的内容大意是：这么好的软件，她愿意帮助出版正式书籍，以增加影响力，问张小龙是否同意授权。张小龙很快回信表示感谢，并愿意提供更多资料。

在华工 BBS 论坛上很活跃的刘玉老师邀请了两位文笔不错的学生网友，很快写出了《电子邮件与 FoxMail 问答》。随后张小龙对全书每一章每一节都进行了认真的审核。2000 年 9 月，该书顺利出版。此事成为张小龙与刘玉老师缘分的起点。之后，两人一直保持着通信。

2002 年 3 月，植根于华科大电信系，刘玉老师组建起学生技术创业团队，作为本科人才孵化站，这就是之后闻名全国的 Dian 团队。不过 Dian 团队在成长初期，发展并非一帆风顺。如今 Dian 团队成果斐然，张小龙是见证人之一。

张小龙在 2018 微信公开课上详细讲解微信、小程序、公众号的一些新变化

在与张小龙的通信中，刘玉老师和他聊过教书育人，也谈过发展困境，张小龙则送给老师庄子的书，劝老师放宽心态。在刘玉老师眼中，张小龙是一个很有人情味的人。

2008 年，Dian 团队承接的广东某项目结项，项目的最后一任组长徐飞本科毕业后在广州工作，距离张小龙所在的腾讯广州研究所不远。刘玉老师为该项目去广州出差时，带着徐飞一起来找张小龙。

饭桌上，张小龙听说徐飞已经毕业，就问：“有女朋友吗？”他腼腆地摇摇头。张小龙又问：“是不是你们老师管得太严了，不准你们在学校里谈恋爱？”刘玉老师忙解释：“没有不准，只是希望他们用找终身伴侣的认真态度去与异性相处。”张小龙有点诧异，说：“买件东西尚要挑选，对象怎么能只接触一位就定终身呢？”继而劝老师不要过多干涉学生谈恋爱，他们在校园里应该有更多体验，在未来才会做出更加正确的决定。

张小龙这番“高论”，惊得刘玉老师目瞪口呆。后来 Dian 团队聚餐吃年饭的时候，刘玉老师也开始跟学生们一起打趣恋爱话题，可能是那时张小龙鼓励师弟师妹“校园恋爱”的建议，让刘玉老师记在了心里。

2011 年 10 月 29 日，张小龙回武汉参加本科同学毕业 20 周年聚会，打电话联系刘玉老师，不巧刘玉老师在外地出差。在电话里，刘玉老师极力建议张小龙去 Dian 团队参观，并请他给队员们进行技术指导。张小龙一开始拒绝了，但过了一会儿，他又联系刘玉老师，表示愿意临时做一场简短的分享，讲讲微信背后的产品观。

彼时微信 3.0 刚问世不久，连 Android 版都没有，Dian 团队内仅一位有苹果手机的队员安装了。原计划分享 20 分钟，因为氛围太好，最后时长翻了一倍。从设计思维到用户洞察，到具体实现的种种技巧，在分享的过程中，现场气氛越来越活跃，张小龙也越讲越“嗨”。这次分享算是关于微信产品观的演讲“处女秀”，过了 8 个月，张小龙在腾讯内部做了长达 8 小时的关于微信背后的产品观的演讲。

2015 年，刘玉老师临近退休，开始转型做创业“红娘”，替华科大学子与投资人牵线搭桥，又自费请创业团队将张小龙和 PPTV 创始人姚欣当年的宿舍进行了装修。

2017 年 5 月，华中科技大学校友会决定授予张小龙“华中科技大学杰出校友”的称号。得知这一消息后，张小龙表示自己离杰出校友还有差距，不肯接受这份荣誉。多次沟通后，张小龙依然婉拒，校友会的负责人着急了，不得不表示，如果张小龙不肯接受奖牌，校友会和校友都会质疑他作为负责人的工作。

最后，校友总会副秘书长刘玉老师带着奖牌专程飞到广州，将“杰出校友”的奖牌亲手交给了张小龙。“得这个奖我挺惭愧的，谢谢母校对我的关爱。”张小龙接过奖牌，谦虚地说道。

情怀永恒：创造 FoxMail

1994 年秋天，张小龙研究生毕业，被分配到电信机关单位工作。面对人人称羡的“铁饭碗”，张小龙很快就决定辞去这份工作。大学时期他对计算机和软件的一切热情，在这里似乎很难获得生长空间。在广州入职了两家公司以后，张小龙开始选择做自己想做的事。

做出一款符合他心中满足用户需求标准的软件产品，是张小龙当时最想做的事。

1997 年，张小龙在广州完成了 FoxMail 1.0 beta（英文版），这是一款免费的电子邮箱软件，界面比较简单，按用户的说法，就是很“傻瓜”、很好用。FoxMail 也因此一度名列“国产自由软件”榜首。

FoxMail 的用户增长很快，某种意义上这款软件非常成功，之后张小龙要做的，就是不断维护和完善它，以及为这款产品寻找商业化机遇。而这一寻找过程成为 FoxMail 和张小龙事业上的转折点。

软件开发之初的工作是最具挑战性的，不分昼夜地写程序，不停地解决技术问题，很累人，但也很吸引人。在视产品为艺术品的张小龙眼里，FoxMail 是不带任何利益眼光的精心之作，他投入了全部的热情和当下的自我意识来创造和塑造它。但当一件艺术品完成的时候，艺术家的使命可能也行将结束。

当时有很多商业投资的机会摆在张小龙眼前，他犹豫、纠结，举棋不定。“只要有用户，有情怀就好了。”虽然张小龙一直这样想，但面对周围人的质疑、200 万用户的期望、产品升级迭代的可预测性，张小龙一边以沉默回应外界的质疑，一边反复思考 Foxmail 究竟要有什么样的未来。

摸索了 4 年，张小龙感觉这条路要走不通了，或许得走一条别的路。带着无限伤感，他在 2000 年把 FoxMail 转给了博大公司。

把握人性：微信出世

2005 年，张小龙开始在腾讯广州研发部担任总经理。5 年前，收购 FoxMail 的博大公司走向没落，在急速变化的互联网时代，这是常有的事。张小龙和 FoxMail 团队一起并入了腾讯。

当时面对 MSN 的强势竞争，腾讯总裁马化腾希望有办法可以使旗下的QQ邮箱发生改变，打垮Hotmail。张小龙负责QQ邮箱团队，在2006年年初的部门会议上，他放出豪言：“我们要做一个最好的邮箱，7星级邮箱。”引起现场一片笑声。

从运营FoxMail那几年到进入QQ邮箱的最初两年，张小龙偶尔会有不自信的感觉，但以前的种种经历，在成长过程中都化作了经过打磨的心境，让他更冷静、更理智。实际上，张小龙及其团队对QQ邮箱的优化变革，实现了一些此前未能在FoxMail完成的商业合作。

2010年年底，张小龙给腾讯总裁马化腾发了一封邮件，建议腾讯做移动社交软件。虽然腾讯已开发出移动QQ，但移动QQ更多是基于客户端的移植，顺应移动互联网的发展趋势，国内外其他的移动社交软件正在兴起，腾讯也应该做一款这样的产品。很快，这个想法得到回复，张小龙作为负责人，带领腾讯广州研发部开始这个项目。

2011年年初，微信iOS版上线，但用户增长并不理想。整个微信团队开始陷入自我怀疑。需求—设计—试错，再需求—设计—试错，就这样，在广州的办公楼里，张小龙和整个团队昼夜颠倒、几乎无休地一遍遍修改细节，以突破瓶颈。

众所周知，微信在之后的一次次更新中，增加了许多特色玩法：朋友圈、查找附近的人、摇一摇……这些功能来自张小龙对人性的思考。让微信更加立体、更贴近人性，这样用户自然会认可微信所开启并引领的功能性需求，这是张小龙提出“微信是一个生活方式”

这一口号的关键原因。

很多腾讯员工都知道，做出微信这个产品，张小龙的个人意志一直是占主导的，有时甚至到了近乎偏执的程度。但在腾讯微信事业群总裁张小龙看来，在成熟的领域里面，多数时候个人很难去跟一个大的机构抗衡，所谓改变人们的生活方式，靠的是产品和公司的推动；约30年前，他一个人写FoxMail，做所有的事情，不存在分工，但现在比过去的分工更加严密了。

在移动互联网领域，微信从一开始的社交软件，到现在又开辟了很多赛道，微信事业群在不断扩大。和十年前一样，现在仍然是一个急速变化的时代。做了这么多年工作，不管是研发设计，还是商业对接，在张小龙的观念里，要能够把握人性，把握人性是最重要的，尽管他曾坦言：我现在越来越难判断什么是好的、什么是坏的。

主要参考资料：

1. 刘玉：《我所认识的张小龙》，http://story.hust.edu.cn/info/1049/1165.htm，访问日期：2024年2月29日

2. 华科男：《他，华科大“最神秘”、“最低调”的著名校友！》，https://mp.weixin.qq.com/s/3nHvzKbQaJenni1mf2fx9Q，访问日期：2024年2月29日

3. 长江网：《微信之父成华科大杰出校友！张小龙：不想成为名人不想成为谈资》，http://news.cjn.cn/sywh/201705/t3009874.htm?bsh_bid=1700483167，访问日期：2024年2月29日

博观约取，厚积薄发

——北京大学汇丰金融研究院执行院长　**巴曙松**

个人档案

巴曙松

出生年份：1969 年
籍　　贯：湖北武汉

学习经历

1987—1991 年　就读于华中工学院动力工程系（现华中科技大学能源学院），获工学学士学位

1991—1994 年　就读于华中理工大学经管学院（现华中科技大学经济学院），获经济学硕士学位

1996—1999 年　就读于中央财经大学经济学院，获经济学博士学位

2001—2003 年　北京大学中国经济研究中心金融学博士后

2013—2015 年　哥伦比亚大学商学院高级访问学者

工作履历

1994—2000 年　中国银行发展规划部副处长、杭州分行副行长

2000—2002 年　中银香港风险管理部助理总经理

2003—2007 年　国务院发展研究中心金融研究所副所长

2007—2009 年　中央人民政府驻香港特别行政区联络办公室经济部（从国务院发展研究中心借调）副部长

2009—2015 年　国务院发展研究中心金融研究所副所长

2015 年至今　香港交易所董事总经理、首席中国经济学家

2016 年至今　北京大学汇丰金融研究院执行院长

主要社会职务

2009 年至今　中国银行业协会首席经济学家

2013 年至今　张培刚发展经济学研究基金会理事长

2017 年至今　中国老年学和老年医学学会副会长，深圳市资产管理学会创始会长

2018 年至今　中国宏观经济学会副会长

主要成就

1999 年　论文《转轨经济中的内部人控制与中国金融体制改革》获得中国社会科学院主办的“第二届全国青年优秀社会科学成果优秀论文奖（最高奖）”

2004 年　享受国务院政府特殊津贴

2007 年　十六届中央政治局第四十三次集体学习主讲专家

2009 年　获评世界经济论坛“全球青年领袖”

2012 年　课题“国际金融危机下系统性金融风险管理”获得中国管理科学学会第三届管理科学奖（学术类）

2012—2015 年　国务院发展研究中心基础研究领域“国际经济金融结构研究”首席专家

2017 年　入选 2006—2015 年中文文献经济学领域被引用频次最高的中国学者（《中国社会科学评价》2017 年）

2019 年　著作《互联互通与香港新经济融资创新》入选 2019 年“第一财经 · 摩根大通”年度金融书籍、商务印书馆（香港）2019 年度十大好书

2020 年　著作《巴塞尔Ⅲ：金融监管的十年重构》入选新浪财经“2020 年度十大金融图书”

2021 年　著作《探索中国与全球大宗商品市场的互动新模式：从现货到期货》入选 2020“第一财经 · 摩根大通”年度金融书籍推荐类、21 世纪经济报道、21 世纪经济研究院“21 世纪年度好书”（2020）

2022 年　名列 2022 胡润百学 · 中国商学院教授学术活跃度榜（金融财务专业）第二名

千里之行，始于足下

华中科技大学今天所取得的成绩，是由很多未必在大众中声名显赫的具体的老师和同学、具体的事情累积起来的，正如《老子》中所说："合抱之木，生于毫末；九层之台，起于累土；千里之行，始于足下。"我当时就读的华中工学院，也许并不如今天的华中科技大学这样有影响力，但是，当时校园中朝气蓬勃的氛围，为后来母校的成长埋下了伏笔。

就我个人而言，我与华科大的结缘始于一位普通的考前招生动员的老师。当时华中科技大学还叫华中工学院（1988 年改名为"华中理工大学"，也简称"华工"），在高考前专门派招生老师到各个重点中学去动员招收优秀学生。印象中，在我就读的中学做动员的华工老师还专门到我家里走访，希望我报考华工。一直到现在，我都觉得这是非常好的做法。值得一提的是，后来我到华工上学，没多久就在校报上发表了一篇文章，这位招生的老师竟然把这份校报专门寄了一份给我的父母，这个细节说明他一直在留心和关注着我。实际上，我从进校之后就再没见过他，但他这种严谨、负责的态度，让我觉得这所学校对学生是用心的，我认为，这样关心学生的学校没有理由办不好。

总体上看，华工学生基础知识的功底打得比较牢靠。以英语为例，那个时候学校有专门的英语分级分班考试，当时进校没两天，学校就组织了一次英语摸底考试，考试之后我就直接被分到英语二级班。我在二级班上了一个学期后，因为考试成绩较好，第二个学期就跳到英语四级班，直接参加大学英语四级考试。我顺利通过大学英语四级考试后，还获得了学校的奖励，随后学校又让我们这些在大学英语四级考试中成绩优秀的学生直接去考大学英语六级。那时候是全国第一次举办大学英语六级考试，我顺利通过后，学校又给予了我奖励。印象中，当时华工学子的大学英语四六级考试成绩在全国高校中是名列前茅的，那时在校园里并不容易找到英语学习

在华中理工大学就读硕士生期间与部分同学的合影

1992年，张培刚教授与研究生巴曙松的合影

资料，但是学校为了克服这个困难，给我们每个学生发了一个非常简易的接收器，是一个小方盒，戴上耳机就可以接收校园内发布的英语学习信号，随时在校园内听英语，这在当时没有其他英语学习资料和工具的情况下是非常难得的，这是华工积极利用自身的工科优势，为学生创造好的学习条件。后来读研究生的时候，我们很多课程都使用英语教材，老师通常会让我们自己先精读，自己讲解，然后老师再进一步做点评。当时华工经济管理学院和加拿大多伦多大学有一个教师交换项目，所以我们有几门课程还是加拿大的老师来给我们上的。那时候，张培刚老师主持华工的经济学科，经常有国际、国内的知名学者来做访问，这样使我们虽然在武汉的校园里，但依然保持着开放的视野。我后来到哥伦比亚大学做高级访问学者，

现在在香港交易所工作，我所具备的英语语言能力和国际化的思维模式，都得益于当时在华工打下的良好基础。

我在校就读期间，整个学校的氛围相对宽松，一直积极鼓励学生锻炼多方面的能力，例如，鼓励学生参与各种社会活动，拓展多方面的专业知识，学校则提供不少可供学生锻炼的选择。据说是因为我中学时获得过“楚才杯”作文竞赛甲等奖，我大学一年级就担任了动力工程系的年级团总支书记，随后又担任动力工程系的分团委宣传部部长和分团委副书记。当时的分团委书记是陈刚老师，对我们这些稚嫩的学生干部给予了许多指点和帮助。随后，我又被校

2007 年，以校广播台老台长身份回访校广播台

党委宣传部选拔担任校广播台台长（当时学校的其他学生组织通常是属于校团委或者校学生工作处管理，校广播台则属于校党委宣传部管理）。我还先后参加了校园内的夏雨诗社、校报学生记者团，后来把精力重点放在了校广播台上。当时我们校广播台还专门组织了校园的诗歌朗诵会，朗诵会名为“蓝色的爱”。校广播台还负责校园内的日常播音，包括早起床、晚熄灯等广播信号，这些也锻炼了我们的组织能力。我跟校广播台的许多台友一直到现在还保持着密切的联系。我在哥大的时候，美国的台友还专门组织举办了一次诗歌朗诵会，来怀念我们在华工的青春岁月。

正好是在广播台工作期间，我得以了解张培刚先生，并下决心报考张培刚先生的研究生。从动力工程系跨专业报考经管学院的研究生，这也体现了学校当时相对宽松的氛围，给学生的发展提供了各种可能性。为了打好经济学、金融学的基础，我在读研究生期间还参与组建了“图书馆之友”这个组织，如果你是“图书馆之友”的成员，就可以按照教职工的待遇一次借更多本书，这样就有更多的阅读和学习的机会。

一部分是因为当时学校宽松的氛围，另一部分是因为我发现自己感兴趣的方向是经济管理领域，所以我在动力工程系本科学习期间参与的社会活动比较多，到经管学院读研究生后，我就想用更多的时间去阅读经济金融方面的著作，所以我大幅减少了社会活动，只是在被一再动员之下担任过研究生科协的秘书长，实际上平时的事情也不是太多。同时我也在我们研究生男生宿舍，就是当时的西二舍担任治安保卫主任，负责宿舍的安全、卫生检查等事宜，属于学生的自我管理。我当时就住在一楼靠近宿舍大门的一个单独房间里，晚上如果有同学回来晚了，大门已经被关了，他们常常会敲我的窗户，请我去开门，我给不少西二舍的研究生男生同学半夜开过宿舍大门。担任治保主任这个角色，也让我获得了一个独立房间，这给了我一个相对宽松的阅读、学习的环境。

在华工就读期间，我结识了很多一直到现在还保持密切联系的朋友。比如当时的分团委书记陈刚老师，我和他们夫妇一直都有联系。我现在也在华科大的能源学院和经济学院指导研究生。年轻时就读的学校，对一个人的影响非常深远，本来以为自己已经走得很远，现在人到知天命之年，才发现自己实际上不曾离开喻家山下、东湖之畔的这座菁菁校园，我也深切体会到大学时期确实是人生关键的奠基时期。

在保持对学业高标准、严要求的前提下，给学生相对宽松的环境，是华科大能不断成长的一个重要原因。以我们研究生宿舍为例，那时候我们宿舍的几个人，现在的人生道路迥异：一个是王喆，现在是知名的导演，多次成功转型，现在进入演艺圈；还有一个是伍斌，现在是中国知名的滑雪专家。我们几位坐在一起，还真不容易让人相信我们原来是一个专业、一个方向的学生。

有人总结说我们华科大的“理工男”，最大的特点是朴实，实际上这是过于脸谱化的刻板印象。长期的理工科训练强化了这群人的理性思考能力，但这并不是说这个群体的选择是呆板的，反而我们的内心是非常活跃的，适应能力也是非常强的，当然我们也有一些共性，就是朴实，做事有执行力。

秉持创业精神，力求善作善成

总体来说，我基本是在大的机构中工作，虽然没有创业的历程，但是在不同的岗位上，有时候也需要创业的精神，需要开创性地做点事情。

在深圳与热心校友共同组织发起梦想屋公益活动，筹集款项租了专门的公寓，给到深圳求职的在读学生免费居住

2017 年，我在深圳市委中心组担任学习主讲。当时深圳作为改革开放的排头兵，历经 30 余年的发展，已经成为中国资产管理行业的重镇之一，但却没有一个专业的行业协会。我提出创立设想后，得到了深圳市相关领导的支持，深圳市资产管理学会就此正式创立。

传统的学会一般都从金融机构着手，我们反其道而行之，从实体经济出发，以上市公司实际控制人为主，构成一个“资本 50 俱乐部”，建立起上市公司间的交流平台，服务于实体经济。针对各实体企业的资产管理需求，高效对接商业银行、证券等金融机构，以此促进实体经济的资产管理水平及同业合作良性有序地发展。同时，学会充分发挥毗邻香港的优势，组织了如“企业赴港上市交流研讨会”等多类活动，增强与香港及海外金融机构的交流合作。学会成立大

中银香港重组上市办公室的同事们合影

2010 年 10 月 14 日，巴曙松教授带领课题组出席《中国银行家调查报告（2010 年）》发布会暨首届中国银行家高峰论坛

约一年的时间，就以其专业、活跃的成果，成为 2018 年全国先进社科组织，并逐步成为深圳金融界有影响力的专业学会之一。获得这些成绩需要投入大量的时间精力，因此我也经历了类似创业的心路历程。

海闻教授当初在创办北大汇丰商学院的同时，实际上还设立了一个智库，就是北大汇丰金融研究院。我受海闻教授委托，担任了执行院长。如何探索性地做好这个工作，需要动点脑筋。

首先，我与海闻教授一起恢复了北大汇丰金融前沿讲堂。一是希望通过这个系列讲座，让老师和同学们了解金融市场的前沿动态，创造与金融市场一线互动的机会，促进金融专业领域人士的学习和研究。二是希望前来主办讲座的金融机构负责人和优秀的金融专业人士能够深入了解在深圳的这所优秀的北京大学汇丰商学院。三是希望通过这个系列讲座，构建一个不同领域的优秀的金融家和金融专业人士交流合作的互动平台。四是希望把系列讲座打造成一个观察中国和全球金融市场新发展趋势的“风向标”。截至2023年年底，金融前沿讲堂已经举办了118期。能持续举办118期，其间需要付出的各种努力，相信有过创业经历的同学会有体会。

然后，我根据不同的需求，又开创了几个新的系列讲座，分别

2013年10月到2015年4月，巴曙松教授为哥伦比亚大学高级访问学者，此期间他发起组织了400多期“连线华尔街”系列讨论会，赢得了在美金融界人士的认可，在他离开纽约之际大家自发组织了盛大的欢送晚会

定位于不同的领域和听众，比如“前沿讲堂”专注于金融领域前沿的动态，“金融茶座”让学生了解不同的金融细分行业，“对话金融”是关于各前沿的细分领域，让学生对此有更深入的了解，“云读书会”主要是让大家能够深入阅读一些经济金融专业的书籍。

同时，我深感现在中国金融市场飞速发展，FICC（固定收益、货币及商品期货）会是未来中国市场上一个迅速成长的领域，未来可能需要很多FICC领域的人才。于是，我组织市场一线的优秀专家，专门开设了这门课程。

此外，在海闻教授的支持下，我具体负责并编辑出版了《北大金融评论》杂志，目前还担任这本杂志的总编辑。这些工作成果的取得都离不开勇于开拓的创业精神，离不开我在华工打下的人生基础。

青年寄语

当前是一个经济金融社会剧烈变革的时代，这些变革涉及各个方面，包括技术变革、国际经济金融格局变革等，对于青年来说，这种变革既是挑战，也是机会。变革给善于学习和适应变化的青年提供了更大的空间，比如人工智能快速发展的今天，最重要的并不一定在于你知道多少知识，更关键的是如何以独特的视角去思考，特别是要学会提问。随着人工智能的发展，善于提问、善于独立思考、具有宽阔的视野和应变的能力以及自我知识迭代的能力，就变得更为重要。

身处斗室，心越关山

巴曙松

人生的意义：有理想，在路上

——罗克佳华科技集团股份有限公司董事长　**李玮**

个人档案

李 玮

出生年份：1971 年
籍　　贯：山东聊城

学习经历

1990—1994 年　就读于华中理工大学国际贸易专业，获学士学位

工作履历

1996—2003 年　美国 Jointfar 公司总经理
2003—2007 年　太原罗克佳华工业有限公司总经理、董事长
2007 年至今　罗克佳华科技集团股份有限公司总经理、董事长

主要社会职务

国家环境保护工业污染源监控工程技术中心主任、中国优质农产品开发服务协会副会长、北京大运云链大数据应用研究院院长、北京绿色金融协会副会长

主要成就

国家特聘专家，教授级高级工程师，2008 年北京奥运会、2022 年北京冬奥会火炬手，以第一发明人身份获发明专利 80 余项，入选 2021 年度中国发明协会会士，是多项国家级重大课题的首席科学家，带领团队在全国开创了“物联网 + 大数据”的技术模式

校园爱情，缘定终身

1990年的夏天，我背上行囊，从山西太原踏上开往武汉的列车，来到美丽的喻家山脚下，成为华中理工大学的一名学子，开启了在江城的求学之路。

华中理工大学素来学风很正，“学在华工”这句话几十年来都在武汉高校里流传。大学几年，我时刻没有放松，一直到大四，因为崇拜产生爱慕，才和班里成绩最好的女生开始了人生第一次，也是人生中唯一的一次恋爱。

华中理工大学校园内，有很多笔直的林荫大道，越往北走，地

李玮和妻子陪同儿子Grant在纽约卡内基音乐厅进行钢琴独奏表演后合影

势越高，不知不觉就走上了喻家山。1994 年的五六月里，一个男生和一个女生，林荫大道不知道走了多少回，上山下山不知道往返了多少遍，他们一会儿争吵，一会儿又和好。男生就是我，女生是和我相恋了一年的同班同学王倩。困扰我们的，不是工作没着落，而是不知道我们的爱情将在何处安放——学校分配的工作，让我们很难继续在一起。

1994 年，中国大学毕业生的规模远不及现在，尤其是工科，处于供不应求的状态。但当年的大学毕业生，关于就业也有一肚子的烦恼：虽然被分配工作，但学生也需要跑南跑北奔波联系；因为被分配，所以没那么多的选择和自由。

我们当年的烦恼，今天很多人都不会理解——我和女友的工作都落实在了北京，我被分配到了刚刚成立的中国联通总部，女友则在北京市昌平区的一家国企。在 1994 年，即便是北京也远没有发展到汽车社会，几十公里是相当遥远的距离。此外，那时候在人们的意识里，进入一个单位很可能一干就是一辈子，加上当时国家还没有实行双休日制度，如果一个在北京市区，一个在郊区昌平，一周难得一见，就等于两地分居。

如果服从工作分配，我们将接受未来常年聚少离多的折磨——两人都是初恋，渴望能时刻一起生活，时刻一起奋斗，分居两地想都不愿想。如果不服从分配，那么走哪条路呢？分析了无数次，争吵了无数次，唯一的途径似乎就是出国。

因为爱情，我和女友最终放弃了学校分配的工作。毕业后，两人继续拼命学习。当年年底，女友高分通过托福考试。很快，我们在家乡举办了婚礼。

因为母校，我遇到生命中的另一半，谈过一次恋爱，和相爱的人结婚，有三个聪明懂事的孩子，我的人生如此简单却又如此幸福。

1995 年年初，妻子去杜克大学读 MBA，毕业后进入世界 500 强公司，通过多年努力成为该公司的首席经济学家。我当年先以陪读的身份赴美，在美国学习期间一直主攻自动化专业。我的父亲是著名数学家华罗庚的学生，我的家庭是一个传统的理工科家庭，我自己也偏爱理工科，每次看见实验室和生产车间就抑制不住兴奋，从小就梦想成为一名科学家，把高科技成果做实实在在的推广应用。因此，我选择在美国进行自动化和物联网领域的学习研究。

祖国召唤，艰苦创业

“高科技要转变成生产力，服务社会。”这是父亲从小教导我的理念，也是我创业路上始终奉行的原则。大学毕业 30 年，从物联网技术工人到市场经理，从总经理到董事长，从企业管理者到科学家……我经历的各种角色，都是我宝贵的人生财富。

20 世纪 70 年代，我的父亲用了 8 年时间追随华罗庚先生在全国推广优选法，将数学应用于田间地头、企业管理，为工人农民带去实际的效益。受家庭环境的影响，我从小就坚定理想：长大要像父亲一样，学好技术，做一名对社会有用的科学家，为社会做实事。2003 年，我回祖国创业，创办了太原罗克佳华工业有限公司。

回想当年创业的艰难：基建投资巨大、整日和土方打交道，等到产品下线，又不得不面对极低的利润率，工厂在快建起之时，又被要求拆除，让我深受打击。但我的字典里从未有“放弃”二字，当得到朋友的鼓励，我的心又被希望填满。以前纯搞技术，并以搞技术为人生乐事的我，面对国内外的差异，我鼓励自己要克服重重困难，鼓起勇气，坦然面对压力，困境让我在短时间内极大地提升了自我。

我认为一切都是值得的。祖国的召唤、社会责任感和家庭的支持，让我的内心更加强大。我常以办公室、实验室为家，忙于调研、讨论和实验。我经常脑海中灵光一闪，便顾不得已是凌晨时分而自己刚要就寝，一翻身，披上衣服就返回了实验室……

多年来，我秉承着“高科技要深入基层、面向应用”的信念，开创了“物联网 + 区块链 + 大数据”的创新模式，打造的“物联网云链平台”得到了广泛的应用，在业内得到高度认可。

为了培养物联网、大数据技术的高端人才，提升行业的整体水平，2012 年，在政府的大力支持下，我又引进两名院士，建立了院士工作站，组建了多名专家及博士研究生参与的科研团队。罗克佳华院士工作站围绕有关国计民生的重大项目和技术难题，联合开展技术攻关。

罗克佳华成立 20 年，从自动化、信息化的全面融合，到物联网云链大数据的平台搭建，再到人工智能大数据的深化服务，我和科研团队持续艰苦地研发，一直努力创新创作。在人才引进、高新技术研发、科技成果转化等方面取得了巨大的成就，得到了社会的广泛认可。

第一次创新，是我们从智能控制产品生产企业转向智能矿山解决方案提供商。在 2004 年，作为一个智能控制产品生产企业，我们年产 5000 台的高低压成套产品远销海外，白纸检验法更是业内闻名。也是在这时，身处山西的我们看到一场场无情的矿难夺走了那么多鲜活的生命，一个个家庭因而支离破碎。作为总经理，我提出进行矿山智能化的研发，但遭到了董事会的反对。矿井安全责任重大，跳出“舒适区”将面临更大的挑战和责任，因此董事会很多人投出反对票。为此我立下军令状，力排众议，带领研发人员深入矿井一线搞研发。

“智能控制系统，更应该应用在煤矿安全领域！”这个声音指引着我们。一个个高知研发人员，开始深入各个矿井深处，饿了渴了，就一个馒头一口水，如此坚持了好几年。我们凭借着不服输的韧劲，咬牙坚持下来。困难不只来自恶劣的工作环境，还有矿山行业铁板一样的行规。想要实现矿山智能化，设备的远程控制是必须要实现的，控制信号传输需要靠光纤，而矿山行业规定不准在矿井中使用光纤，因为光纤的维修维护需要热熔施工，井下瓦斯聚集，光纤的维修施工是绝对不准在井下进行的。针对此问题，我们提出双环网入井的解决方案，双网互为备份，一条坏了环绕出井换备用光纤，对坏了的光纤进行井上维修维护。行业专家经过严格评审后一致通

过此方案，我们从此打破了光纤不下井的行业规定。

在我们的努力钻研下，实现了井下设备的自动化控制，完成了对井下的风水电、采掘运人员管理和瓦斯监控等全面智能化改造，打造了“无人”值守矿山。此后我们承担国家产业升级和技术进步专项矿井自动化控制中心、科技部矿井重大灾害预警系统研发等项目，为全国近百个大型煤矿集团提供物联网服务，构建数字化矿山。

把物联网运用到煤矿上，国内没有先例，从布设传感器到信息传输、信号处理，所有的事情都得从零做起，其中的难度可想而知。上至公司高层领导，下至硬件开发者、软件设计师，下矿井是必不可少的功课。许多矿井从巷道入口到综采面，要步行两三个小时。为赶工期，他们常常自带干粮，在井下一干就是十几个小时。

我们忙的时候真是“不要命、不要脸”。“不要命”，就是白天黑夜连轴转；“不要脸”，就是顾不上洗脸。第二天早上，大家白脸变黑脸，手一拨人就会倒下。这种“不要命、不要脸”的工作劲头，和物联网看得见、摸得着的好处，使我们赢得了客户的信赖，许多人还主动帮我们做宣传。

第二次创新，是将核心的物联网技术从煤矿安全领域发展到节能环保领域。2006 年，山西的环保问题异常严峻，水环境和空气的质量指数都是全国倒数。为了天更蓝、水更绿，我和团队的研发人员又去往污染最严重的地方，对全省 14 个行业、1100 多家重点监管企业的生产流程、技术装备、治污工艺、排放浓度等进行全方位调研，拿出了每个行业的监控方案，部署监测点，开创了“既监结果又监过程，既监又控”的环保监测模式，将原来的末端监测改为过程监测，引领了全国环保行业监管模式的改变。我们也成为国家环境保护工业污染源监控工程技术中心依托单位。中央电视台《新闻联播》对我们的过程监控技术进行了重点报道。随后，我们的污染源监控设备和系统在河南、陕西、黑龙江等省得到应用。

为解决治污设施不能正常运转的顽疾，2006 年夏天，罗克佳华调集技术研发、工程管理等方面的精兵强将，兵分几路，奔赴山西省各个地级市，开展环保大调研。调研人员热血沸腾，等待他们的，却是冰霜雨雪：给污染企业装物联网，无异于给他们戴“紧箍咒”，哪个会高兴？那段时间，真的是不堪回首。首先是“门难进、脸难看”，前去调研时，企业想出各种理由刁难阻拦，调研人员软磨硬泡大半天才能进厂。其次是“味难闻、灰难挡”，进厂后面对的，是刺鼻的气味、难闻的恶臭、四处散落的粉尘。一天下来，调研人员个个灰头土脸、浑身臭汗。经过一年半的扎实调研，我们摸清了全省 14 个行业、千家重污染企业的环保家底，从每个行业的生产流程、技术装备，到每家企业的治污工艺、排放浓度，全部记录在案。通过“集体会诊”，我们先拿出整体的行业监控方案，然后“对症下药”，制定每个企业的技术路线。

2008 年冬天，我们开始进各家企业安装监控设备。企业的人冷眼相向，有的甚至骂骂咧咧。我们能吃苦，能挨骂，奋不顾身往前冲。

几年下来，山西的重污染企业全被戴上“紧箍咒”，三晋大地蓝天重现、白云又回。

面向应用，实现蝶变

高科技要深入基层、面向应用，这是我们团队一直以来奉行的理念。罗克佳华聚焦国产自主可控的技术研发，拥有知识产权 900 余项，承担国家级专项课题 50 余项，是多项国家标准和行业标准的参与编制单位。

2012 年，我们承担了世界银行的中国节能融资项目——重点用能单位能源利用在线监测系统，为高能耗产业编制用能和碳排放计量标准及技术规范。后又承担了国家发改委全国能耗监测项目在北京、陕西、河南三地的试点工作。这也让我们拥有了自主知识产权的数据库技术，为十多年后在碳达峰碳中和工作中的技术体系建设和推广奠定了坚实的行业和技术基础。

2013 年全国大面积爆发雾霾，穹顶之下，灰蒙蒙一片。我们凭借“敢为天下先”的勇气和深厚的技术积累，在全国大气监测会议上首次提出环保“网格化”监测理念，并率先在北京市通州区开展试点项目，助力通州形成完备的空气质量监测网络。次年，通州区成为北京市空气质量改善最快的一个区。这一次创新，不只让我们成功走向全国的科技环保市场，也助力通州环保局打造了闻名全国的环保治理“通州模式”。目前，我们的环保运营服务遍及北京、天津、重庆、安徽、山东、海南、广东等多个省区市。

2021年，“碳”重新成为社会关注的焦点。国家将2030年前实现碳达峰、2060年前实现碳中和定为战略目标。作为一个物联网大数据企业，我们以十多年的行业和技术积累，凭借深厚的技术积淀和海量的数据资源，迅速构建了“生态环境双碳云图”。

在此基础上，我们开发了安全、可靠的“双碳”大数据体系，建立了省市县多个层级的“双碳管理平台”，可以为全国31个省区市、600多个城市、3000多个县（市、区）和数十万家企业提供“碳监测数据”服务。在碳管理数字化方面，我们自主开发的“政府碳账本”和“数字碳表”，为全国重点排放单位和清洁能源单位提供碳数据服务，帮助政府及企业管好碳资产。

数据价值化是数字经济发展的关键，目前我们拥有海量的数据资源，深度挖掘数据资产潜力，落地全国首笔数据资产质押融资贷款，并陆续推进公司数据资产评估，为全国“数据价值化”起到示范作用。同时，作为全国数据经济试点单位，我们获得全国首张数据资产登记证明。作为全国信标委大数据标准工作组成员，我们同时参加6个数据专题组，参与全国大数据标准的制定。目前，我们已经与人民银行、北京银行、北京绿色交易所、北京国际大数据交易所等紧密合作，加速推动数据要素市场的快速形成，带动全国万亿数据价值化的大市场。

我带领佳华科技团队从成立到今天，促成了“三变”。一是“量变”。从16人的筹备组，通过自主创新、自我发展成为一个全国分支机构多、产品远销海外的集研发、生产、服务为一体的高科技集团公司。二是“质变”。从技术单一的世界500强品牌的组装加工厂，发展为具有几百项自主知识产权，引领物联网产业发展的领军企业。三是“蝶变”。从最初美国企业控股到通过合理分红让美方全部退出，

成功地将一个外资企业转变为民族企业。

2011 年 7 月 26 日，《人民日报》头版刊发了《追求更高质量的生活》的报道，对我及团队在山西的物联网应用成果进行深度解读。2017 年 9 月，中央电视台《新闻联播》做了题为《至诚报国　李玮：科技环保路上的“奔跑者”》的专题报道。

作为一名马拉松爱好者，回顾自己的创业和成长经历，我深刻体会到：创业和马拉松一样，需要强大的韧劲和奔向终点的执着。我只是一个向着终点的奔跑者。作为一名跑者，一旦上了跑道，就要学会调整自己的状态，不管是疲惫还是伤痛，都不能阻挡前进的步伐，要时刻充满信心和正能量。生活亦是如此。心中有目标，路就在脚下。

青年寄语

人生就像马拉松，没有捷径。起跑早，装备好，并不一定是最后的赢家。要有着跑完全程的理想和坚持下去的执着，人生马拉松才会完赛。而过程中的酸甜苦辣，都将汇聚成人生的意义。

人生的意义也许就在于：有理想，在路上。

学习就是力量，简单就是智慧

有理想，在路上…

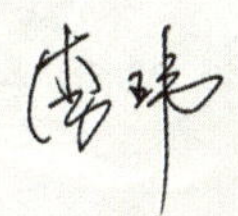

雄心雌伏，勇往直前

——北京阿博茨科技有限公司 CEO **杨永智**

个人档案

杨永智

出生年份：1979 年
籍　　贯：湖北红安

学习经历

1998—2002 年　就读于华中理工大学机械科学与工程学院机械工程及自动化专业

2003—2006 年　就读于华中科技大学管理学院管理科学与工程专业

工作履历

2006—2010 年　就职于微软公司，担任工程师，从事移动操作系统和浏览器等开发工作

2010—2016 年　在武汉创立百纳信息技术有限公司，任海豚浏览器 CEO

2016 年至今　任阿博茨科技 CEO，主要服务于金融和能源等行业

身兼创业家、技术创始人、投资人的三重角色。除创立阿博茨科技，还是服务业机器人领导者擎朗智能、东南亚最大的人工智能 SAAS 公司 Wiz.AI、数字银行领域领先企业 Abound 的天使投资人，参与了理想汽车和 SOLANA 等海外 Web3 infra 领域的天使投资

主要成就

2012 年　被《第一财经》评为“中国商业创新 50 人——技术创新者”

2020 年　阿博茨入选世界经济论坛（达沃斯论坛）2020 年全球技术先锋百强榜

创业游击队里的“怪”学生

1998 年，我从湖北一个偏僻的山区，走进华中理工大学机械科学与工程学院学习。后来我又在这所学校度过了 3 年的研究生学习阶段。大学 7 年，是我最美好的青春回忆。

上完大一的基础课程，还没有来得及上专业课，我就跟很多有了工作经验又返校读研的师兄们聊天。从他们身上，我仿佛看到 5 年、10 年后的自己。那是一个令人激情澎湃的时代。那时候，大洋彼岸微软比尔·盖茨的故事传过来。为此，我决定投身计算机行业，虽然那个时候的我还不知道什么叫互联网。

为了快速进入这个新世界，我开始实行差异化学习策略：专业课 60 分万岁，但是物理、数学等基础课都要达到 90 分以上。业余时间我不打游戏，而是集中时间和精力恶补计算和编程方面的知识。我是从偏远的山区读书出来的，从小就养成了自我驱动的习惯，所以自学计算和编程对我来说也算轻车熟路。

对引领我走上计算和编程这条路的老师们，我至今记忆犹新。大学时期，我非常幸运地上了李元杰老师的教改物理课。第一堂物理课让我感到震撼。这是一节典型的“不务正业”的物理课，李元杰老师拿着粉笔开始在黑板上板书 C 语言里面的 For 循环，后面的很多数学定律和公式都是高等数学里我还没有学习过的内容。物理课的期末考试也别具一格，竟然是编写 10 个小程序，用 C 语言来模拟 10 个经典的物理现象，比如钟摆效应、电磁效应、混沌学之类的。很多学生的编程和数学知识都来自李元杰老师的物理课。他的课程名字是 CCBP，基于计算机和微积分的物理。遇上这么一位奇特的物理老师，是我大学期间的幸事。

大二上学期，我决定直接报考高级程序员。就这样，我“消失”了三个月，天天早出晚归，每天都泡在图书馆学习。我买了一整套计算机方面的教材，16 本书，每一本书我至少看三遍。三个月里，我打下了坚实的知识基础。考试时，我只用了不到一半的时间就交卷了。最终我以高分通过了考试。整个院系的同学都知道了我跳过初级和中级，直接挑战高级程序员考试，而且是一次性通过，这一举奠定了我在同学心目中的“大神”形象。

2000 年左右，正是互联网风起云涌的时代，大洋彼岸的雅虎、谷歌，今天我们所熟知的中国互联网“三巨头”BAT（百度、阿里巴巴、腾讯）也都诞生在那个时代。那时学校里经常有各种创业大赛，激励着很多年轻人。2000 年我和同学一起创立了“联创团队”，寓意“联众人之志，创非凡之事”，吸收了本校各个院系的编程高手，每年转战一个国家参加比赛，我们的足迹遍及美国、日本、韩国、巴西，多次获得国际大奖和丰厚的奖金，奖金成为团队的日常运作经费。不过比起物质奖励，更重要的是这些比赛极大地锻炼了我们的本领，提高了我们的编程技能。

刚成立联创团队时，我们没有地方办公，就在寝室里办公了一段时间，但毕竟寝室是休息的地方，之后我们就在学校里租房办公。我们租赁的第一个房间是学校西边的教师住房。那时房间里没有空调，空间又很小，武汉的夏天异常炎热，厨房和卧室都挤满了人，小伙伴们就在那样的环境里用电脑编程。

后来，时任校长李培根院士偶然得知我们这些学生团队像流浪汉一样到处“打游击”，非常痛心。在他的推动下，华科大设立了启明学院——一个专门支持学生创新创业的机构，帮了很多搞创业的学生团队。

十几年后，当2022年“耕塾创新教育基金”成立时，很多年轻企业家踊跃捐赠，不少捐赠人都是当年在大学期间就参与创新创业活动的学生，直接或间接得到根叔的启发、帮助和支持，日后成长为公司的创始人，将华科大创新创业的精神薪火相传。现在看来，耕塾基金倡导的“以学生为中心，促进学生自由发展”的理念，与当年启明学院的办学思路其实是一脉相承的，我和联创团队在学生时代就受益于此。对于根叔的宽容和支持，我们一直心怀感激，我和刘铁峰也积极带头支持耕塾基金的创办工作。

长江后浪推前浪。今天新一代的华科大人，比我们更幸运，有了耕塾基金的支持，可以获得更广泛的支持，更多更优秀的创业者必定会出现。

大学时代的珍贵情谊

我跟母校的不解之缘，并不是一句简单的“我在那里读了7年书”可以概括的，我实实在在地跟很多老师有过非常有趣的交流，并受益于他们的支持和帮助。

我记得2000年时，整个南一舍有200多个宿舍，住了1000多位本科生（包括机械学院、光电学院），但都没有网络。要让宿舍通网，需要先申请经费，购置交换机和网线，并把网线接入每个宿舍，还要一个路由器和服务器，共计需要费用10万元，这对学生而言算是一笔巨资。

由于我计算机水平还不错，经常去辅导员姜芳老师家里帮忙修电脑，后来，有越来越多的老师找我帮忙解决电脑相关问题，就这样，我认识了当时机械学院的袁建春老师。袁老师对学生的活动一向非常支持，也非常喜欢那些不循常规的学生。恰好申请网络经费需要他批准，我们提出接网入舍的申请后，他很快就批准了。

我跟同学刘铁峰拿着这笔10万元的经费，聘请高亮老师（当时是机械学院的年轻教师）作为指导专家。2000年的冬天，我们两人每晚睡在办公室的桌子上，白天在宿舍和机房间穿行。在高亮老师的指导下，我们终于在2001年的春天将宿舍的网络接通了。我成了网管，还把网络扩建到南三舍的女生宿舍，女同胞宿舍实现了第一次通网。通过这次合作，很多编程高手对高亮老师敬佩有加，从那之后，高老师成了我们这里技术爱好者的偶像，大家都非常愿意和他交流。

我们为了过滤那些只是为了“镀金”而来的学生，就要求队员在团队每周投入40小时以上，坚决过滤掉那些学习成绩很好但却只是为了保研、考证、加分的学生，不然团队赖以生存的文化会不断被稀释，从而失去凝聚力。面试新队员时，我们把所有人集中在一个房子里，整晚不睡觉，学习一本新的计算机编程语言，第二天早上就考试，考试结束后，又立即安排他们骑自行车去贴海报。这种“熬夜测试”过滤掉了很多短期主义者。

我用这种特殊的文化（后沉淀为“联创基本法”），将众多高手融在一起。我们一起打比赛，赢得很多荣誉，成就感继续激励和凝聚着我们这帮志同道合的人。联创团队中有许多人后来都成了我的创业伙伴，无论是在海豚浏览器时期，还是在阿博茨时期，团队骨干中有很多人都是当年的联创成员。

“联创基本法”崇尚的是队员的自我驱动、自我激励、自我管理，这种大家自发自愿参与进来的组织更容易凝聚优秀人才，更容易长期传承。也因此，联创团队集中了一批非常难以驾驭和驯服的学生，跟学校其他的学生创新团队有明显的差异，独树一帜。

可能因为在联创时期养成了不循规蹈矩的习惯，我在学校生活和学习期间有时违反纪律，打破规矩，从而得罪了一些老师和同学。非常幸运的是，在研究生期间，我的研究生导师邵新宇对我十分宽容，厚待有加。有时候联创团队参加比赛获奖了，他也替我们感到高兴，不断勉励我们继续努力。有一次他亲自请我们吃饭，给我们庆功。

这些经历让我对自己的母校有着非常不一样的感情，因为学校，还有很多老师和同学的支持，塑造了今天的我。

20 年的团队，在现在这个变幻莫测的时代非常难得。走上社会多年，我有一个很深的感悟：做一个让人愿意相信的人，不仅让人相信你的人品才能，更相信你的梦想，愿意成为你命运中的贵人。

无论是在学校还是在社会，我都遇到过很多贵人。不少老师在背后给予我巨大支持——我们当年的辅导员姜芳老师、我的研究生辅导老师管在林老师、从我本科就开始支持我们搞课外活动的高亮老师，还有研创基金的罗敏老师。还有很多老师，难以一一列举。大学时代，我与袁建春老师保持联系，在他的引荐下认识了钟晓林师兄，在我第一次创业时，钟师兄投资了我，后来他又为我引荐了红杉资本等知名基金。

大二时我参加"博大杯"网页设计大赛拿了一等奖，当时给我颁奖的正是后来的"微信之父"张小龙。2004 年，我带队参加了趋势科技百万程序大赛（知名杀毒软件公司趋势科技招贤纳士的比赛，10 支队伍分享总奖金 100 万元），有幸认识了主办方代表，时任趋势科技中国研发中心总经理的陆剑锋，后来成为我职业生涯的导师兼好友。

大学期间我经常带领联创团队参加微软的软件创新大赛，因此跟微软中国区负责比赛项目的 Na Zeng 女士非常熟悉，日后她以 venture partner 的身份加入到我的第一次创业中来，成为海豚浏览器的联合创始人。还有当时的比赛评委、微软亚洲研究院的常务副院长 Eric Chang，正是由于他的带领，我 2006 年研究生毕业后加入了微软，成为他的下属。入职微软的前 3 个月，我以实习生的身份，在 KK Wong（2010 年离开微软，和雷军、林斌等一起成为小米联合创始人）的指导下工作。这段微软的职业生涯对我来说非常重要，我从两位前辈那里受益良多，我在微软工作时的同事和朋友，也是我不可或缺的支持力量。

总之，非常感谢母校，容忍我这种“怪”学生，使我有机会开阔视野。学会学习，勇于尝试，成为一个令人信任、招贵人青睐的人——这是我在华科大 7 年最大的收获。

联创团队

在不确定里做确定的事情

大学时代，靠着勤奋好学以及大量的比赛、承接外包项目等锻炼，我对各种新技术和发展趋势了如指掌，也给很多刚毕业的大学生和业界软件工程师提供技术培训。读研期间，我代表武汉爱科信息为湖北电信、长沙创智（当时中国的四大软件公司之一）、常州税务局、涟源钢铁厂等单位讲授最新的技术。

正是因为我活跃在各种技术社区和作出的贡献，大学时候的我就成为微软最有价值专家和微软金牌讲师，并在武汉及周边地区培养了不少行业人才。

当选微软最有价值专家

势、时代、命都是非常重要的。我前期一直做软件，错过了PC互联网。幸运的是我在微软做手机操作系统的过程中，一直关注移动互联网。那时微软在智能手机市场的反应速度过慢，我一直认为未来智能手机可能跟微软无缘，因此很早就把眼光投到iPhone和Android上面。我一直认为未来的市场格局是：iOS是高端市场，可能占有10%～15%的市场，Android占70%的市场，其他的占10%～20%的市场。当摩托罗拉制造的Droid手机销量突破100万的时候，我感觉Android的时代来临了。其时国内的互联网创业如火如荼，不能再错过下一个十年。我下定决心：辞职加入移动互联网的大潮。

在微软期间，我多次被评为“微软最有培养力和领导力”的员工。从微软辞职的时候，时任微软亚洲工程院院长的张宏江博士亲自找我谈话挽留我。我记得当时我的答复是：如果我错过了移动互联网大潮，我会非常后悔。

在微软的这段经历让我看到了行业发展趋势，并积累了大量人脉，后来很多微软的同事加入了我的创业队伍，成为核心成员。

2010年年初，我在武汉和硅谷创立了海豚浏览器，得以赶上了移动互联网的第一波浪潮。不少大学时代一起参加联创团队的小伙伴慕名而来，还有一批微软的工程师同事也加入进来。当年，我们在Android平台上推出一款专为智能手机上网设计的手机浏览器，取名为“海豚”。

创业之初很艰辛，只有一间不到200平方米的小办公室，不要说装修，就连电脑桌都是用书架临时拼凑的，电脑全是同事们自己带来的。刚开始实习生的工资是每月 500 元，从联创出来的小伙伴每个月只有 2000 ～ 3000 元的工资，用作生活费。为了支付工资，我一直在动用我在微软工作时攒下的积蓄，用到后来，连我在北京买房的首付款都没有了。我就这样坚持到盈利时刻到来。

创业者的求生欲望是非常强烈的，我记得 2011 年拿到红杉资本第一轮融资的时候，我们账面上有了 2000 万左右的现金，这是我们一点点赚回来的。为了稳定军心，我拿出一笔钱，给一开始参与创业的 12 个小伙伴每个人几十万元，他们用这笔钱作首付款，在武汉光谷买了房，大学刚毕业就拥有了自己的房子，也算是给了各自的家长一个交代。此举虽然花费不菲，但是起到了稳定核心成员的作用。

机会只青睐有准备的人，很快，机会来了。2011 年，海豚浏览器正式发力国内市场。对海外用户来说，浏览器是工具，而对国内用户而言，浏览器的作用更倾向于内容导航，页面要够炫、够酷。短期的水土不服后，我们迅速进行调整，很快，符合国内市场需求的版本出来了。因为其全新的操作模式，全面支持 HTML5 特性，海豚浏览器迅速崛起，成为当时 Android 市场全球排名第一的移动浏览器，拥有 2 亿用户。虽然如此，国内和国外对浏览器的需求在本质上是完全不同的，双线开花并不明智，因此，我们后来还是聚焦于海外的市场。

在高峰时期，我卖掉了海豚浏览器，开始思索什么是下一个值得探索的方向和领域。短暂沉寂之后，随着人工智能的兴起，2016

创业初期的团队

年我创办了阿博茨科技。

当时 AI 仍处于早期阶段，无法替代人的创造性，但可以在一定程度上替代人做简单重复的劳动，阿博茨让这些重复工作自动化，并打磨出了成熟的“AI+ 金融”的解决方案体系。目前，阿博茨已经与全球近百家金融机构和大型企业合作，成为人工智能在金融领域应用的引领者。

2020 年以来，各行各业受到巨大冲击，同时也孕育了巨变，这让我重新思索：AI 的本质是什么？什么是 AI 的最佳商业模式？好的技术不见得有好的商业模式，叫好不叫座是现在人工智能行业最大的问题。

于是从2022年开始，我带着怀疑的眼光，走出国门，在欧美和东南亚地区考察近1年，最终决定把阿博茨和我个人的业务重点放在海外市场，以通用人工智能+区块链（AGI+Blockchain）作为升级后的突破口，开发新产品，服务全球市场。

这几年人工智能获得飞速发展，ChatGPT异军突起。过去4～5年，我也在这个领域进行了投资布局，并花费很多时间在海外区块链的发展上，希望能寻找AI+区块链的交叉机会。2022年以来，我也陆续投资了很多海外的新一代企业家，扶持了一批富有潜力的“Z世代”创业者，相信在不久的未来，就可以看到他们的事业开花结果。

回想十几年的创业经历，我始终觉得，必须有所坚持和坚守。这是一个加速发展的时代，各种机会接踵而至，各领风骚几年。“站在风口上，猪也能飞起来”，成为时代的名言。

从2010年至今，有无数创业英雄崛起，同时也有无数企业功败垂成。过去20年，是中国互联网的黄金时代，也是商业极其繁荣的时代。财富来如飓风，去时如风卷残云。无数先行乃至与我同时代的企业都已经不在了，这让我想起了一句话：最重要的是不要下牌桌。这算是我仍然在坚持的原因吗？我想对我来说，更重要的是作为技术创业者所怀抱的理想：利用技术改变这个世界，影响这个世界。我想，我做过服务了2亿用户的产品，也服务过众多大企业，在下一个技术周期里面，是否有机会做一个产品，服务10亿用户？

作为一个科技型公司，创业者必须懂技术，因为技术的更新太快，市场允许等待的时间很短，必须时刻保持最新、最快的技术更新。

虽然我多次创业，但是始终没有偏离技术。无论是大学时代自考高级程序员，还是在微软、海豚、阿博茨，包括最近几年，我一直没有停止技术研究。我当下的团队核心，是从大学到现在逐步聚集的，从华科大的联创团队，到后来部分来自微软、谷歌和思科的队伍加入，我们一直是以技术立身，我对技术团队也一直非常重视，不仅给高薪，更给予足够的尊重和空间。我始终把最大的资金和资源都投入到技术研发上，走艰难但长久的路。

少年时代，我在湖北红安一所乡镇中学（大赵家高中）就读，在这所乡镇中学，我非常幸运地一举考上华中理工大学，颇有点“前

在东南亚

无古人、后无来者”的感觉。而创业，做的也多是别人没有干过的事情，这正是我喜欢创业的内在原因。很多人问我为什么要多次创业，有两个原因：第一，我天性不喜欢具有确定性的事情，什么事情一旦确定了，我就觉得索然无味，而连续创业一定是重在过程，至于结果，则是顺其自然；第二，我希望能做出更加伟大的产品，影响更多用户。

从乡镇中学考入985大学的经历，让我多了一些人生感悟。此前，我们当地考上985大学的学生，多数来自红安一中等县城高中，要从乡镇中学考上华科大，要比别人付出更多的努力，这让我明白坚忍不拔对于人生的成长非常重要。在多次创业的过程中，我也是如此。在看不透未来的时候，潜心技术，不计较一时得失，一旦大潮来临，有准备的人就能更快地崛起。时代终将选择和激励沉潜坚韧的真正行者和忍者。

第一次创业的时候，我曾经认为，机会也许只有一次。但是现在我却感觉，技术创新永无止境，每个时代，都有新的机会。

青年寄语

雄心雌伏，厚积薄发。

有人说，只要站在风口上，猪也能飞起来。但是，在人的一生中，风口并非常态，多数时候怎么办?

在无风口的时候，通过长期的积累与蛰伏，厚积薄发。一旦遇到风口，更能借势展翅高飞。

漫长岁月中沉默潜行，怀抱雄心，才能在风口中一飞冲天。

此所谓雄心雌伏。

时代喜欢拣选沉潜坚韧的行者和忍者，并在关键时刻鼓励他们勇往直前。

与诸君共勉。

雄心雌伏　厚积薄发

杨永[illegible]

以终为始，坚持不懈

——派欧云计算（上海）有限公司董事长　**姚欣**

个人档案

姚 欣

出生年份：1980年
籍　　贯：河南郑州

学习经历

1999—2003年　就读于华中理工大学计算机科学与技术专业，获学士学位

2003—2004年　就读于华中科技大学计算机科学与技术专业

工作履历

2005—2015年　上海聚力传媒技术有限公司（PPTV）创始人兼总裁

2016—2018年　天津蓝驰星畅资产管理有限公司（蓝驰创投）投资合伙人

2018年至今　派欧云计算（上海）有限公司董事长

主要社会职务

曾担任上海市青年创业协会会长、浦东新区工商联副主席、华中科技大学上海校友会常务副会长

主要成就

2004年　创办PPTV网络电视平台，覆盖全球4.5亿用户，获得软银集团、DFJ、BlueRun等著名投资机构数亿美元投资

2007 年　P2P 流媒体技术被麻省理工学院《科技展望》期刊评为“全球十大最具革新性技术”

2010 年　入选第九届“上海 IT 青年十大新锐”

2011 年　获第六届“中国青年创业奖”

2012 年　获得“上海市青年五四奖章标兵”称号

萌芽：从看球赛发现需求

一次看球赛的经历引发了我创业的种子萌芽。2004 年我读研时，华科大在中国大学生篮球联赛（CUBA）中第一次拿冠军。当时作为赛场的西操体育馆人员爆满。哪怕是学院找学校学生会申请，也是一票难求。当时我们的创业团队成员之一汪奕菲，正好是“华中大在线”的站长，在线转播了 CUBA 比赛。我当时就跟几个小伙伴说：“为什么我们不能够让大家在宿舍里面看球呢？”这实际上是提出了人人都可以直播看球的问题。

2000 年至 2005 年最流行的视频应用就是 BT 下载（BT 是当时一种互联网上新兴的 P2P 传输协议，全名叫 BitTorrent，中文全称比特流），大学生宿舍里都在用。于是我开始关注这个应用，发现它跟我们原有的很多计算机网络架构不一样，例如，它采用了 P2P 的架构、分布式的架构，而不是中心化的、服务器化的架构，解决了以前人越多速度越慢的问题，现在反而是人越多速度越快。当时我觉得要实现人人都可以直播看球的话，一个可能的方向就是结合类似 BitTorrent 下载的 P2P 技术，将 P2P 技术和在线直播（live streaming）结合起来，以实现人越多越流畅的特性。这也是后来我们的创业品牌叫 PPLive 的原因。刚开始，我们其实没想做一家公司，

在大学宿舍里

进行创业，只是想能不能做一款共享软件，发布给大家免费使用，这大约就是我们创业的初心。最初我和几个同学组建了一个工作室，大家完全是自发和用业余的时间来做软件。

当时我还在读研究生，同时做辅导员，还带本科生，带他们参加国际大学生程序设计竞赛（ACM）。当时我带的本科生里重要的两位，一位是之前提到的汪奕菲，另外一位是王闻宇。那个时候他们还没毕业，还在学校读大四。

有一天我跟他们说："我们一起来做点创新吧！除了带着你们竞赛，我让你们做点实战性的活，带着你们写个共享软件出来。"

于是就以华科大学生为主，我组建了一个创业团队。2004 年 10 月，我们开始在学校的宿舍里面写程序，后来因为写程序所花费的时间太多，我就跟导师李老师申请休学一年，李老师批准了，之后休学又延长了一年，再往后，我就直接退学创业去了。

2004 年 12 月 3 日，在学校白云黄鹤 BBS 里面的“our software”（我们的软件）版面，我们发布了软件的第一版。当天就有上千下载量，不到三个月，软件下载次数超过一百万。对于这个成长速度，我们当时没有任何概念。后来才知道，Facebook 用了 6 个月才积累了一百万个用户。同样是校园市场，我们在三个月内就完成了一百万用户的积累，我们的软件非常迅速地在湖北省内各个高校的 BBS 里面传播开，而且通过教育网开始向全国其他高校传播。所有这些事情并不是我们刻意推广，而是完全靠用户的口碑来传播推动的。

创业初期我们成立了工作室，但那个时候在宿舍里做定期维护和开发比较困难。我想工作室应该有个工作室的样子，不能一直在宿舍里面做共享软件，后来就在学校的东一区租了一个大概十平方米的屋子。我们初创团队有六七个人，还有一些地大的学生加盟，一起在工作室写共享软件。我当时也没什么东西可以给他们，就说当成一起来参与社会实践，加上我当时也是计算机学院 IT 俱乐部的主席，还有一些人脉和号召力，大家觉得和我一起做一个共享软件还是有一点成就感的，所以我们就一起开发。

起步：创立公司，形成品牌

2005 年，我们正式成立了公司，当年 4 月开始注册申报，5 月批准下来，我们就开始入驻新的办公地点。之前的几个月里，我们都是在学校的民房里面度过的。

我们的第一个投资人是软银中国，它也是阿里巴巴、分众传媒等公司的投资人。我们当时并没有刻意去找投资者（那个时候风险投资远远不如现在发达），是他们主动找的我们。我们在网上留有联系方式，不过表明只是想做一个共享软件，没有商业用途，而且仅限于教育网里面，供教育科研使用。

2005 年，软银集团投资了一家香港的 P2P 公司，大概投资了两

PPLive 早期创业团队在武汉的森林公园里团建

千万美金，让这个公司为软银集团提供P2P技术服务。软银集团是软银中国的投资人之一，软银中国是中国人管理的风险投资公司，他们的核心团队中有多人是UT斯达康的联合创始人，包括后来看上我们这个项目的宋博士，他也是UT斯达康的首席工程师。宋博士对通信网络的发展非常敏感，他当时就感觉到新一代的网络技术正在蓬勃发展，其中一个走向就是能否利用P2P来承载语音视频文件，语音和文件传输在当时都有应用来实现（Skype、BitTorrent），因此他们更关注视频能不能被承载。他们早早就关注这方面的潜在创业者，所以他们主动来找我，给我邀请函和机票，让我去一趟上海，和他们的CEO见面。我去了一趟，交流了一下午后，他们就决定投我们。他们投的第一笔资金并不多，100万元，但是在当时对于一个还未工作的学生来讲，一万元就是一笔巨资了。

公司最开始创办时的名称是上海聚力传媒技术有限公司，这个名称一直没变过，但我们对外的服务品牌其实在变化，一开始用的是PPLive，后来改叫PPTV。为什么会有这样的改变呢？因为公司的定位改变了。2005年，PPLive就开始积极为各大电视台提供视频上网技术支持，如为凤凰卫视、上海广播电视台等电视台提供视频技术支持。同时，我们还免费争取到了为湖南卫视“超级女声”比赛全球直播提供技术支持的机会。2008年之前，我们像这样为有内容、有牌照的电视台提供电视网络直播技术，所以说当时我们是非常典型的B2B技术公司——我们提供技术解决方案给别人，让别人使用和运营。这样的定位到2009年后才开始转变。2008年5月份我们拿到网络视听许可证，2009 年就推出了 PPTV，这让我们从一家技术型企业转型成一家面向最终互联网消费者的 B2C 企业，之后我们用的品牌全部都是 PPTV。

分水岭：从技术思维转向商业思维

2008 年是个分水岭。互联网产业蓬勃发展，网络视频化是互联网发展的必然趋势，重要的媒体平台，比如新浪已经有了采编团队，有了和传统媒体一样的配置。2008 年我们拿到广电总局颁发的网络视听许可证，成为央视首席合作伙伴、北京奥运会互联网视频播放的主要技术提供方。这一年我们有了翻身机会，有机会从技术提供商向技术运营方转型，提供网络视听服务。而我们是做体育直播起家的，北京奥运会又是当时最重要的体育直播内容，无论是在品牌效应还是在用户吸引力方面都给我们流量的增长带来了巨大机遇。

2008 年，央视决定放出北京奥运会的网络电视直播权。我印象很深，当时各家都可以来买，最后定价是 2500 万元。这在今天很便宜，但在当年非常昂贵，2500 万相当于我们公司四个月所有的支出，而且这 2500 万花出去了是挣不回来的，因为在 2008 年网络视听节目的广告市场几乎为零，但要花 2500 万去购买版权内容，基本上就是吸引用户，以获得流量。这对我们来说是一个非常艰难的选择，但是为了后续的融资，我们还是咬牙拿下了北京奥运会的网络电视直播权。

到 2008 年年底，我们的 P2P 视频客户端的用户数量达到 1.8 亿左右。用户数之前每年都以三到五倍的速度高速增长，同时我们提供的技术也在不断拓展，一开始提供的是视听直播服务，后来扩增到视频轮播服务和在线点播服务，每个人可以从头到尾地看各类型视频。技术在不断迭代升级，我们经过三次大的技术结构调整，业务类型在不断地发展，用户数也在不断地增长，所有指标都很好，只有一样不好，就是收入没有增加。

2008 年之前，我们对商业模式和挣钱不是很重视，反而认为技术、产品、流量更重要。2008 年之后我们意识到，如果不能盈利，做得再好再大都是表面的，特别是当整个资本市场变动的时候，必须自己能够挺得住。

2008 年 10 月，我们壮士断腕，两次裁员，公司从当时的大约 250 人缩减至不到 150 人，这让我非常痛心。当时的情况是我们的成本必须缩减到原来的三分之一，收入必须增长一倍，才能达到收支平衡。

在资本寒冬的时候，没有人会雪中送炭，理性的投资人会选择投资最有机会的公司，如果我没有能力做到营收平衡，不会有人考虑投资我。那个时候我对自身进行了一次深刻的反省：之前我们一直听别人说我们要怎么样，别人说你们只要做大规模就行了，投资人认为你们好，你们就认为自己好了，其实后来发现不是这样。要成为一家成功的商业公司，首先要有个好生意，下一步才会有好市值、

在 2010 年公司新年年会上

好资本。这对我而言是非常重大的转变，也就是从以前的技术产品思维向商业思维转变。外力迫使我去想公司要如何建立商业模式，如何能够盈利。盈利是最重要的事情，只实现技术是远远不够的。

2009 年冬天，我成功把陶闯从美国西雅图的微软总部给挖了过来，让他来做公司的 CEO。为什么呢？就当时而言，我们如果要给投资者信心，就需要一个有更加完整的商业经验的人。

为什么我会去找陶闯？有几个方面的原因。第一是我俩志同道合，对这家公司的未来有一个共同的理解、共同的想法。我们一直认为我们做的事情是用科技改变生活，不仅仅只是创造利润，而要用科技来极大地提升整个产业的效率，同时要让过去很多大家无法触及的服务变得更加普及，让每一个人都可以享受。我们俩都有技术基因，都看中技术本身创造价值。我们不会只用传统手段，我们会用新手段去实现商业创新。第二是我俩在经验和资源上互补。他非常了解海外，有很强的融资能力，是一个偏商务型的人，在对外方面，他的经历背景更加适合。而我经过了2004—2009年这几年的打磨，对所有技术产品的研发、运营以及用户增长都非常了解。

从PPlive到PPTV，我们到底要做什么样的公司？经过这一番调整后，我们认为必须取得一个平衡，要在“我想”跟“我能”中找到一个折中点。我认为我们的折中点是科技是内在动力，但必须要重新定位。我们必须是一家网络视频媒体公司，这是我们最大的改变。

转型：二次创业，寻找蓝海

转型意味什么？有人说凤凰涅槃，也有人说是瞎折腾。比如公司要换合伙人，怎么能换好，我们真的付出了很大代价。更换一个新品牌，就面临着流失老用户的风险。新公司叫PPTV，也是一个新的软件，以前那个旧软件怎么办呢？我们当时决定一点点过渡，慢慢再去更名。之后的两到三年是一个很痛苦的过程，因为做品牌更名这件事情是巨大的资本消耗，但为什么我还要做呢？一方面我希望公司创始团队以及员工对企业未来有一个更加坚定和清晰的认知，另一方面也是为了能活下来，因为我们当时正被别人甩在身后，不能够再骄傲了，必须改变。

我在创业过程中一直很有理想情结，但同时我也是个崇尚务实的人。我觉得公司首先要活下来，如果连活下来都谈不上，就不用谈什么理想情结，谈什么改变世界，所以 2009 年我们进行了一个大的变革，转型成为网络视频网站。

从 PPTV 再往后，实际上就是我们所谓的“3.0 时代”了。2011 年 2 月 3 日，大年初一，我们拿到了来自软银集团的 2.5 亿美元的单笔投资，这也是当年我们获得的最大的一笔私募投资。这笔投资让我们真正地从低谷恢复，然后开始向行业的前三再次冲击。我们之前是在跟创业公司竞争，如新浪、搜狐等，但后来要开始准备跟产

业巨头竞争了，就进入了“3.0 时代”。我们意识到技术、产品的差异化已经不是重要的核心了，甚至连用户规模也不是多重要的核心了，现在这个核心变成了产业资源整合和资本融资的能力。

2018 年，我与前 PPTV 首席架构师王闻宇携手，开始了二次创业，启动了 PPIO 分布式云计算项目，目标是打造一个去中心化的分布式云服务，致力于汇聚全球计算资源，为全人类提供服务。

PPIO 基于共享经济的商业模式，结合大数据、云原生、分布式计算技术，汇聚网络边端侧的专业服务器资源，成功构建出首个覆盖全国所有省市县的分布式云服务。这项创新技术在下一代低时延、高带宽、可靠安全的边缘计算场景中具有广阔的应用前景。如今，PPIO 分布式云计算项目已经成为国内外多家一线音视频互联网巨

头、云计算公司、独角兽创业企业的分布式云服务的主要提供商。

创业要学会分享，它不是一个人的事，而是一群人的事。用户觉得你有价值，你才有价值。最重要的是，当你面对危机与挑战的时候，你该怎么办？在这里，我引用一句丘吉尔的名言："没有最终的成功，也没有致命的失败，最可贵的是继续前进的勇气。"

作为一名在互联网领域有着多年实战经验的创业者，我当年出去谈融资的时候，被上的第一课就是"VC不是维他命C"，包括投资计划书、股权融资，都需要从零学起。我曾与多家投资机构有过深度合作，并成功孵化了多个优质项目，深知融资道路上的不易。我认为，尽管现在的创业环境改变了，特别是资金环境的改变，让我们觉得创业好像更方便了，但就创业本身来讲，并没什么变化，因为它都是要从寻找一个痛点开始，以一款好的产品和服务来切入，进而撬动整个市场的增长，借此来带动自身的发展。所以创业都是"从0到1"的过程，这个"从0到1"的难度在不断增加。目前很多领域已是"红海一片"，创业者必须去挖掘，去找新的趋势和机会，去找更细分的市场，这对创业者来讲，挑战是越来越大的。每一个创业者，都必须在竞争日益激烈的市场环境中努力打造出更加优秀、更具竞争力的产品，以应对不断变化的市场需求。

青年寄语

我现在不太鼓励大学生校园创业，或者说刚毕业就创业，毕竟现在的市场大环境已经改变，失败的概率增加了。

今天的社会需要创新，中国需要自主创新。有时候，创业不仅仅是为了成功，也是一种独特的生活方式。把眼前的事情做到极致，下一步美好自然会呈现。

学会独立思考、感悟，并积极进行分享。价值比价格更重要，做长期坚定的价值投资！用“以终为始”的方式做重大思考和抉择！无知和弱小不是生存的障碍，傲慢才是。

在绝境中，最重要的考验就是坚持。

天助自助者，祝每位理工男

都能够找到自己人生的目标！

[illegible]

创新成就梦想之路：从行业破冰到商业蝶变

——上海擎朗智能科技有限公司创始人兼 CEO **李通**

个人档案

李 通

出生年份：1984年
籍　　贯：江苏

学习经历

2002—2006年　就读于华中科技大学电气与电子工程学院电气工程及其自动化专业，获学士学位

2006—2009年　就读于华中科技大学电气与电子工程学院电力系统及其自动化专业，获硕士学位

创业经历

2010年　擎朗创立

2014年　第一代轨道餐厅服务机器人“小朗”面世

2016年　全球第一款现代意义上的无人配送机器人面世

A轮融资——完成云启资本、松禾资本的3000万元融资

2018年　首批机器人量产下线，建立了全球第一条餐饮服务机器人量产产线，助力打造海底捞全球首家智慧餐厅，开创了智慧餐饮数字化无人送餐时代

2019年　业务覆盖全国500多座城市

B轮融资——完成源码资本、华登国际、上海科创基金、索道投资等的2亿元融资

2020年　科技抗疫，以无人配送机器人驰援全国100多家医院和隔离点

C轮融资——完成软银亚洲和阿里战投的数亿元融资

2021年　正式进入酒店机器人市场

D 轮融资——软银愿景基金 2 期领投，中金甲子和沙特阿美风险投资基金 Prosperity7 Ventures 跟投融资 2 亿美金

2022 年　全资子公司落地美国、德国、阿联酋、日本、韩国

2023 年　正式进入清洁机器人市场

主要成就

入选美国《财富》杂志“中国 40 名 40 岁以下商界精英”

入选“2023 胡润 U40 中国创业先锋”榜单

擎朗入选“胡润全球独角兽企业”

始于热爱，成功开启“擎朗逐梦之旅”

每一段成长的背后，皆潜藏着名为梦想的灯盏导引前路。

从小我就喜欢看科幻电影。哆啦 A 梦、瓦利，这些动画里的机器人也让我兴奋和着迷。

大学时期，在当时的电工电子创新基地，我遇到了许多和我一样对机器人充满兴趣的同学，其中很多还是非相关专业的学生。我

大学时代在华科大的电工基地开始机器人的学习探索之路

记得他们有学计算机的、学光电的，和我一样学电气的，甚至还有学生物的。那时大家整日聚在实验室里做项目，困了就在地上铺个凉席睡觉，累了就去操场晃一圈，回来继续做项目。

怀着对“机器人梦”的热辣滚烫之心，我们正式开启了机器人热爱者的探索之旅。在这期间，我们参加了全国“挑战杯”、微软Embedded Challenge、全国大学生电子设计竞赛等活动，尽情挥洒创意与热情，酣畅淋漓地享受追逐梦想的过程，在挑战与坚持中一点点靠近梦想。

我记得，第一次在学校实验室看到真实的机器人时，它的单台售价是40万元，我对此是无比的崇拜和向往，但同时我也希望它

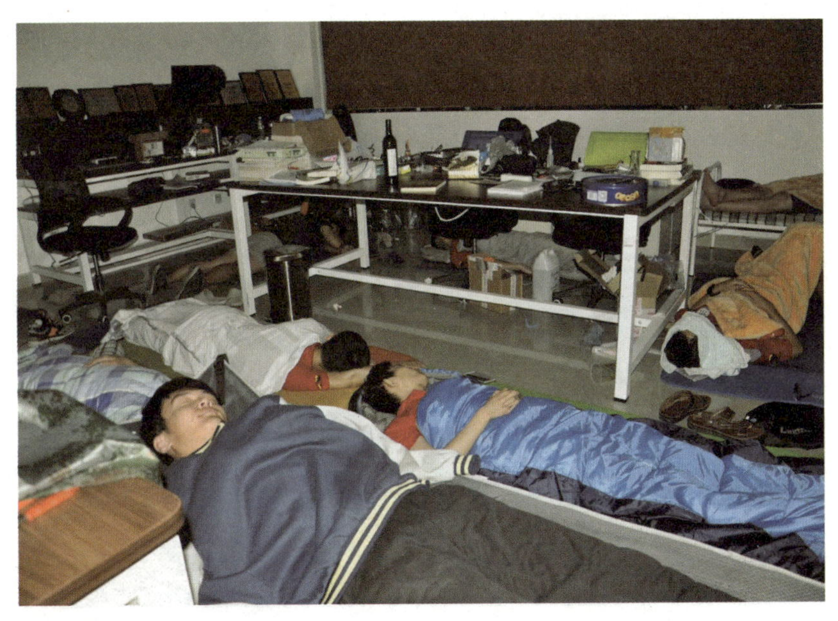

在实验室做项目，就地休息

李通在微软 Embedded Challenge 现场

获得“挑战杯”奖杯的李通及队友

不仅仅是限于科学研究，而是能够走进千家万户，真正改变人们的生活！

大学期间，我们曾开发一个智能化养猪设备，那个项目后来传给师弟们继续迭代。这段经历也让我们在智能化设备的研发和应用方面积累了许多宝贵的实战经验。

至今，我都非常感谢我的母校——华中科技大学，让我在汲取养分的同时遇到那么多志同道合的伙伴。甚至可以说，华科大是擎朗机器人初始团队的孕育之地，也是我们梦想启程的地方。我们渴望通过自己的热爱与兴趣，为这个世界做出一些积极的改变，让人们的生活变得更好。

毕业后我也工作过一段时间，但关于机器人的梦想始终在我的脑袋里盘旋。于是在 2010 年，“擎朗”成立了。

成长路上，离不开探索、试错与坚持

“擎朗”成立后的最初那几年，我们满腔热血，在机器人市场里不断寻找未来有成长空间、体量大、可持续发展的适合类目。这期间，我们尝试了非常多的项目，包括大学老师所需的教学仪器设备、中小学的教育机器人、扫地机器人、高仿真机器人、迎宾机器人等，却发现这些项目的市场发展空间都相对局限。

为此，我们花了大量时间去做各类实地调研，接触了许多潜在的目标客户群体，发掘真实痛点，并对此进行拆解、思考：我们该如何最大限度地解决这些问题？在当时，机器人行业尚处于萌芽阶段，机器人的应用基本落于工业企业和实验室，而服务机器人的市场几乎处于真空。2014年，我们意识到，服务机器人或许是个出路。尽管当时市场还未形成，但我们相信这个方向能有效缓解商业环境中普遍存在的劳动力问题。

运气总爱青睐有准备的人。2015年，人工智能行业开始爆发式增长，深度学习开始规模化落地，AI智能化时代正式到来。时代的东风悄然而至，年轻的梦想正待乘风飞翔。擎朗智能集聚了一群怀揣梦想的年轻人，其中不乏来自华科大的师兄弟，大家为了共同的目标而努力奋斗着。

在这里，我要特别感谢我的师兄杨永智，他是业内著名的创业者，同时也是我们的天使轮投资人。直至今天，我依旧非常感念当时他对擎朗智能的坚定支持。

随着逐梦之路越走越宽，更大的转机发生在2016年6月1日。当时我们的机器人在商场中运行，正好被一位来谈项目的投资人看见。短短一天后，我们便收到了项目沟通的邀约，投资方就是后来的云启资本。他们不仅领投了我们的A轮融资，而且一直与我们并肩作战。

技术迭代，坚守对产品品质的升级打磨

锁定服务机器人品类后，前方的浓雾似乎自此散去，可很快，更大的挑战接踵而至，因为产品落地到实际操作时，出现了很多预想之外的难题。许多机器人概念在单一理想的实验室里看起来似乎可行，但想要机器人在复杂的现实环境内长期稳定地运行却十分困难。这不仅是因为硬件方面的欠缺，更重要的原因是技术困境。

我们面对的是一个全新的品类和市场，甚至无法找到参考对象，只能自己充当摸索者和开创者的角色。研究越深入，我们发现难度越大，越做越觉得脊背发凉，会想：当初怎么选这个方向？

2016 年底，早期创业团队里的大多数人是曾经一起在学校打过机器人比赛的小伙伴

耕耘于机器人产业需要时间和深度，选择一个新的机器人方向，就注定要走一条漫长而孤寂的道路，还要做好饱受误解的心理准备，因为我们可能需要四五年甚至上十年才能知道这个方向的结果是什么。

刚开始的时候，我们也被人误会成“骗子”。当时的风口是日新月异的移动互联网，基本没人愿意花大量的时间和精力来验证机器人产业的潜力，也基本没人愿意相信机器人有商业化前景。

到底要不要一条道走到黑？这是摆在很多初创机器人企业面前的一个问题。但我们是幸运的，虽然也经历过“要不要放弃”的灵魂拷问，但好在我们坚持了下来，如今更是成为配送服务机器人领域的头部企业。

时间拨回到当时，我们在技术迭代上不断攻坚克难，对核心技术进行深度研发与持续优化，从环境感知、预测决策到运动控制等各个关键技术环节，我们都实现了重大突破。服务机器人需要在不规律且复杂的环境中稳定运行，所以每一次产品升级的背后，都离不开实验室里的无数次试错与探索，也离不开真实场景中数以亿次的数据迭代。这种对技术创新矢志不渝的追求，使得我们的服务机器人的功能性和稳定性不断提升，因而在实际应用场景中表现惊艳，赢得了广泛的市场认可和用户信赖。

值得强调的是，我们在技术钻研这条路上，虽然一直秉承着“自主研究”原则，累积自有科研技术成果，但我们也从未闭门造车，而是始终紧盯市场反馈，倾听客户的真实声音。道理其实也很简单——客户是企业的生命线，为客户解决难题，是我们产品的商业化价值所在。

我记得很清楚，当时我和伙伴们非常惊喜，因为收到了很多正面反馈，这说明我们的方向和产品存在着真实的价值，这也进一步坚定了我们的信念，给我们带来了巨大的信心，让我们在之后的道路上越战越勇，从未怯退。

积极的称赞会让人备受鼓舞，更会让人奋起努力。对于产品的迭代打磨，我和团队倾注了全部的精力，因为我们希望擎朗的产品绝不辜负信赖擎朗的人们。

建立壁垒，从自主研发到商业化落地

众所周知，机器人领域的创业者数不胜数，技术并不是大家面对的最大难题，因为真正到商业化时，理想与实际之间总隔着一条巨大的鸿沟——从实用性、稳定性到成本控制，二者之间都存在着显著差距。

攻克技术瓶颈、搭建自有成熟的供应链、商业化落地，是想要服务机器人成功实现商业化所面临的三大关键性难题。

对于创业者来说，要解决这些问题，要么等待行业成熟，以他山之石为鉴，要么自己把问题解决，踏上行业先驱者之路。对此，擎朗选择了后者。

突破服务机器人的技术瓶颈，意味着企业需要在导航定位、运动控制、智能决策等方面进行深度研发与创新，以确保机器人高效稳定运行和良好的用户体验。而拥有成熟的自有供应链及自有产线，自主生产机器人所需的各种部件，这不仅能把产品成本减少至原来的 1/5 至 1/3，更能确保机器人品质的稳定性。

但即便解决了技术和供应链的问题，还有最关键的问题摆在眼前：一项毋庸置疑的好产品并不是天然就会被市场接纳的，它该如何成功在市场落地，如何完成商业化？

这非常考验企业对整个市场的判断、对市场资源的利用以及对消费者的理解。服务机器人虽然富有创新技术含量，但它对于市场来说还是太新了。那么，它是否能够给客户带来足够的价值，又是否能够实现生产成本与市场需求的动态平衡呢？另外，还有渠道、推广等大量运营问题。

唯有这些关键环节均能取得实质性进展，服务机器人才能真正走进大众生活，开启全新的智能化服务时代。但无论在哪个环节，我们都要经过长时间和痛苦的摸索过程。

在外界看来，我们从研发原型到产品商业化耗时过长，我们好像变成了这个快时代的“异类”，竟还在日拱一卒，慢慢积累着。你可以说，这是追梦赤子的轴劲，但我更想说，这是为了走得更远，走得更扎实。

单是机器人的多次产品迭代，便耗费了无数研发人员的日夜心血。我们的单台机器人在商场中已稳定运行超过 2 年，测试里程达到 4000 公里，有了这样成熟可靠的表现，我们才敢让产品大规模商业化。

引领行业，为时代创造真实的价值

在机器人这个结合技术与创意的领域，曾经有一群年轻人一同探索、实践，并共同梦想着有一天能为这个领域作出贡献。幸运的是，我们如今的确做到了。

2018 年 10 月 28 日，位于北京中骏世界大厦的海底捞首家智慧餐厅开业，该餐厅配备了 10 台擎朗机器人，其中有 6 台传送机器人和 4 台回收机器人，这一举措在餐饮界引起轰动。

如今，机器人在餐饮领域已全面普及，这是一个历史性的变革。

最初在 2015 年左右，餐饮业为吸引顾客而使用的机器人被视为营销噱头，主要销售给一线城市的单体餐馆老板。当时，大型餐饮集团对此并不感兴趣，觉得机器人无法满足其高标准的人力服务

擎朗工厂包装区

需求。

但现今，服务机器人已经从最初的营销噱头转变为真实的业务需求，而且这一需求不仅仅存在于大家熟悉的餐饮行业、酒店行业，也不仅仅来自国内。越来越多第三产业的行业领域都在对服务机器人透露出强烈的需求。各类大型连锁集团并不缺乏客流量，它们更看重的是服务机器人本身能否减少部分人工成本。经过成本核算，服务机器人还能在它们的门店得到普及，表明机器人是真的能替代一部分劳动力。

这背后的驱动力是什么？是员工招聘难和留职难，尤其是很多年轻人不愿意从事重复性劳动，同时劳动力成本持续上升，这都为服务机器人提供了巨大的市场空间。

正是因为充分了解客户的痛点和需求，并产出真实价值，加上不断拓展应用场景、扩大客户群体，在2010年成立的擎朗智能，如今在产品技术、场景落地、市场份额、供应链培育等方面都已展现出作为服务机器人领导者的影响力，实现了企业的自我“造血”。

拓展全球，让中国科技绽放国际舞台

经过多年深耕，擎朗已稳占国内市场的优势地位，同时，我们的目光已投向更远的地方。要知道，企业的目标离不开生存与开拓，而我的目标则是希望用机器人科技为世界做出积极改变。这也让擎朗一直以来既能够保持现代企业的冷静与洞察，也心怀温度与担当。

如今，擎朗已成为全球知名的服务机器人头部企业，做到了品牌国际化和垂直领域的头部，但面对全球市场这片广阔无垠的“星辰大海”，我们依旧不敢松懈，始终稳步航行。

众所周知，越发达的地方，劳动力越昂贵，对机器人的需求就越大。现阶段，我们在国际市场的销售量已超过公司总销售量的60%，业务覆盖全球600多个城市，并在美国洛杉矶、德国杜塞尔多夫、日本东京、韩国首尔、阿联酋迪拜等地设有主要海外分支机构。

在劳动力成本高昂的海外市场，服务机器人正在逐步填补劳动力不足的空缺，但对服务机器人的需求其实远未被满足，机器人依然属于新兴产业，商用服务机器人的海外市场依然潜力巨大。

我记得前两年，我们一个在北美的餐饮店客户，因为疫情导致员工无法上岗，让他们陷入了经营困境，最后擎朗机器人解决了这个问题。更让他们惊喜的是，机器人能和员工默契协作，让店里的运营成本降低，效率提高不少。为此，他们专门给公司写来了感谢信。

这样的例子有不少，让我更加坚信，在全球人力成本结构变化、智能化需求日益增长的趋势下，服务机器人产业将迎来前所未有的黄金发展期。

如今，我们落地普及的室内全自主无人配送机器人，主要应用于餐厅、酒店、商场、KTV、医院、养老院等场景。但对于更多应

擎朗美国全资子公司成立

用场景的开拓，擎朗也从未停下。比如，在澳门与博彩业相关的场所里，因为人流量大，闲逛者多，有时工作人员给客户的饮料，会被无关人员拿走，所以他们选择用擎朗机器人进行配送，以封闭舱的方式直接将饮料送到客户身边。

实际上，当我们的机器人被大众看到之后，一些潜在客户会将其和自己的实际需求场景联系在一起，从而创造出一些我们可能没想过，但又很实用的场景。

我们将坚定以“扩充机器人品类、拓展应用行业、渗透全球市场”这三个大方向为锚点，不断研发创造出更多的机器人品类和产品，以卓越的产品和服务满足各行各业对自动化、智能化解决方案的需求，同时在全球范围内深化市场布局，推动服务机器人在各领域的大规模应用与普及。

长风破浪会有时，追梦少年终圆梦。我期待并相信着，世界终会迎来一个更加智能、高效和美好的未来！

最后，向擎朗早期创业团队中的华科大理工男女致敬！

姓名	专业
唐旋来	控制理论与控制工程
万永辉	光电信息工程
杨亚运	水利水电工程
计诚	工程力学
王彦宇	测控技术与仪器
望金山	机械工程
曹中益	计算机科学与技术
金超	电子科学与技术
王仁杰	能源与动力工程
周驰	电气工程及其自动化
高长丰	空间信息科学与技术
万彬	控制理论与控制工程
杨红	电气工程及其自动化
陈芊	英语
汪亚威	通信工程

青年寄语

每个人在生活、学业、工作中都会碰到很多困难，追寻内心的直觉，充满热情，所有的困难都会转化为成长的垫脚石。

每一段经历都意味着成长，都是有意义的，无论是低谷还是高峰，无论是目标清晰还是迷茫焦虑，甚至“躺平”。关键在于这一段经历中你感受到了什么。当机遇、转折来临的时候，你是否已准备好了？运气青睐有准备的人，如果你知道去哪，整个世界都会为你让路！

不要低估短期变化，因为当时间维度拉长后，许多你熟悉的、想象的、规划的，都变化惊人，甚至大大超出你的预期。在这瞬息万变的世界中，有一些东西始终相对稳定且深远地塑造着你的人生轨迹，那就是你的兴趣、性格和习惯。它们如同内在的基石，持久而有力地影响着你的人生方向与成就。

技术在进步，产业在变迁，新行业在涌现，没有人能预测未来将发生什么。在这样充满变化的世界里，坚定自己想要的，不断积攒能量，增加赢的概率，然后坚持、坚持、再坚持。

怀揣初心，始终热爱

少年终将改变世界！

李通

努力过一种
滚烫的人生

——无忧传媒集团有限公司创始人兼 CEO **雷彬艺**

个人档案

雷彬艺

出生年份：1981 年
籍　　贯：湖南桃源

学习经历

2000—2005 年　就读于华中科技大学电气与电子工程学院电气工程及其自动化专业，获学士学位

工作履历

2005—2009 年　北京网尚文化传播有限公司产品运营中心总监

2009—2011 年　北京盛世骄阳文化传播有限公司发行中心总监

2011—2014 年　北京天盈九州网络技术有限公司（凤凰视频）多终端部总监

2014—2016 年　广州华多网络科技有限公司（YY 直播）多终端部总监

2016 年至今　无忧传媒集团有限公司创始人兼 CEO

主要社会职务

2022 年　中国演出行业协会第八届常务理事兼网络表演（直播、短视频）经纪委员会主任，杭州市新的社会阶层人士联合会副会长，受聘为浙江传媒学院客座教授、浙江传媒学院国际文化传播学院（国际教育学院）业界导师

2023 年　政协第十二届杭州市委员会常务委员，浙江省青年企业家协会第十一届常务理事，特聘为华中科技大学新闻与信息传播学院校外导师

主要成就

2021 年　被 2021 中国网络表演（直播与短视频）行业年度峰会授予“年度最具影响力人物”

2022 年　被浙江省电子商务促进会授予“2021 年度电商榜样人物”称号，被浙江省慈善联合总会授予“2021 年度优秀个人”称号，被第一财经、CBNData（第一财经商业数据中心）授予“Growth50 · 2022 新消费年度影响力人物”称号

2023 年　受邀参加杭州市委举行的“杭州论坛”报告会，作《焕“新”电商、加“数”前行——MCN 新业态助力数字经济》主题报告；被第五届世界杭商大会组委会授予“新锐杭商”称号

从“学霸”到“学渣”的“叛逆”之路

即使在毕业多年以后，当我回忆起第一次看到华中科技大学校园时，一切都历历在目。经过七八个小时的颠簸，父亲终于开车把我从老家湖南常德市桃源县送到湖北武汉市。9 月的武汉酷暑难耐，当我站在华中科技大学门口，看着喻家山麓那片掩映在绿树之中的校园时，我立刻喜欢上了这里。

在华科大的几年，我留下了很多美好的回忆。华科大的学习氛围很浓厚，作为理工男的我们甚至对谈恋爱都不感兴趣，课余时间除了玩玩游戏，大部分时间都用来学习。大一下学期，我通过竞选成为班长，课余带领大家开展各种社团活动，口碑还不错。当时分宿舍是根据地域原则，寝室里还有两位湖南老乡，所以我们聊天经常说家乡话。刚来时因为食堂的菜不够辣，我们去吃饭都自带一瓶老家的辣椒酱。大家一起上课一起玩，给我带来了许多欢乐。

大一结束的时候，我的成绩还算得上优秀。然而，临近毕业的时候，同学们都高高兴兴地参加毕业典礼，我却只能站在旁边给他们鼓掌，因为我 20 多门课都挂科了。我出生在一个教师家庭，从小读书都不怎么需要父母操心，中学时一边玩一边学，最后还是考上了华中科技大学。这样的我，是如何变成挂科太多以致无法毕业的

“学渣”的呢？

20世纪90年代中期，美国的“信息高速公路”计划已经开展得如火如荼。电脑刚刚进入中国不久，我父亲就买了一台“奔腾100”放在家里，从此打开了我进入互联网的大门。2000年初，社会整体的互联网基础设施还很不成熟，网速很慢，但华中科技大学作为教育网华中地区的节点，校园里的带宽达到十兆，后来又升级到百兆，比社会网速快很多，所以校园里的互联网氛围非常浓厚，也走出了像张小龙等影响了中国互联网发展的名人。

大一大二，在我的带领下，班里很多人都到电脑城搬回了属于自己的电脑。虽然不是计算机专业，好在校园里相关社团很多，课程很多，学习资源获取也很方便。大一的时候，基于同学联系的需要，我自己鼓捣出一个同学录的网站，很多老同学在上面分享自己的现状。2001年，穿越剧鼻祖《寻秦记》在TVB热播，当时各大校园里追剧的人非常多，我也是其中之一。为了方便看剧和交流，我把同学录网站升级为一个影视交流论坛“同龄人”，借助电视剧的热度和校园中天然存在的传播链条，“同龄人”很快风靡各大高校，注册人数超过300万，一时间我成了校园名人。

最初我一个人既搞技术，也负责运营，随着论坛的火爆，用户遍布全国乃至全球。后来这个论坛的技术负责人是美国一所大学的一名终身教授，其他运营人员身份各异，他们有的是学生，有的是职场工作人员，甚至还有超市的老板。当时论坛没有商业化，早期运营成本基本由我自己解决，后来我得到了很多热心网友的捐赠支持。一群人没有任何利益关系，仅仅是基于同样的兴趣，纷纷出钱出力来共同运营一个论坛，让天南海北、世界各地的人敞开心扉，热烈交流，互相安慰，这让我深切体会到互联网的魅力，也隐隐意识到互联网所包含的巨大可能性。我此后多年的工作和创业轨迹，都可以在“同龄人”找到源头。

大三的时候，我已经很少去上课，天天宅在宿舍折腾论坛。华中科技大学历来课业任务很重，而我此时正被互联网吸引，论坛的火爆带给一个年轻人前所未有的成就感，我渐渐痴迷其中，无法自拔。大四毕业之际，我挂科 20 多门，让当时年少轻狂的我打算放弃学位证书，心想：比尔·盖茨不也是大学肄业嘛。一向民主的父亲发话了，让我不要辜负华中科技大学这么好的学校，毕业证还是要争取拿到。还要感谢当时的熊院长，她也鼓励我去补课、补考，并给了我巨大的帮助。最后我选择延毕一年，疯狂补考，给大学画上了一个圆满的句号。

现在，我的很多同学已经成为国家电网、南方电网和其他电力行业的骨干，用母校教给他们的知识造福社会、实现自我。我则走上了一条“叛逆”的道路，那些年学习的专业知识对我来说可能并无用武之地，但一所优秀的大学提供的丰富的教育资源，在不经意间就会影响人的一生。当年我选修过一门讲授《道德经》的课程，老师在一堂课上讲了一句话：人最大的特点就是不具备不可替代性。我时常拿这句话告诫自己，不要取得一点成绩就飘，要谦卑，要敬畏。

大学之大，不在于有大楼，而在于给年轻人提供了一个开阔视野的平台，一个探索自己的机会。如果不是华中科技大学，我可能会走上完全不同的道路。

创业，从相信开始，向梦想进发

从在大学做“同龄人”论坛开始，我就跟互联网视频结缘，甚至在更早的时候，我就被互联网的魅力所吸引，同时我还喜欢影视剧虚构出的世界。2015 年底，当看到 4G 流量资费大幅度下降，手机直播兴起的时候，我觉得机会来了，所以果断辞职，筹谋规划，注册公司，搭建团队。2016 年 4 月 11 日，无忧传媒正式注册成立。

有人说创业就是在高速公路上驾驶一辆开起来发出“吱吱嘎嘎”声音的汽车，在开车的过程中你要不断修理维护，才能保证它不散架，同时还要把油门踩到底，免得被其他车甩在后面。创业是对人的体力、心力、脑力的多重考验。

自从创办无忧传媒，我的生活几乎没有品质可言。每天的生活就是中午起床，吃完饭到公司处理各种事情，晚饭基本就是在办公室吃。那会儿请了个阿姨给大家做饭，边吃边跟同事聊事情，然后工作到半夜。有时候等主播工作结束，跟同事们复盘时，我会带他们吃个消夜。凌晨三四点回家是家常便饭，早上八九点醒来处理一些工作信息再接着补觉。日复一日，几乎没有假期，没有自己的时间。

创业很艰苦，但我却感到非常幸运。一个人最幸运的事情是在他年富力强的时候找到自己热爱的事业。我是一个不安分的人，创业对我来说好像是一件自然而然的事情。大学期间让我沉迷其中不能自拔的“同龄人”论坛是一次不带商业目的的互联网项目尝试，后来我加入其他创业公司，然后到凤凰网、YY 娱乐工作，这期间，我做过运营，干过销售，还做过产品经理，冥冥之中各种经历好像都在为我创办无忧传媒做铺垫。

无忧传媒是我第一次独立创业的公司。独立创业的意思是自己全权负责，如果失败，也要自己兜底。创业之前我以为自己已经准备周全，但公司开始运营之后才发现我真的是在“一边修车，一边踩油门”。无忧传媒成立最初的几个月，我没租办公室，创业团队就是多年来结识的一群网友，大家就在线上办公。直到六个月后公司收入达到一定规模，我才在北京大望路租下了第一间办公室。那里视野极好，面西的窗外就是北京的 CBD，当时我们经常能看到最美夕阳下的 CBD 和凌晨三四点的北京，看到冉冉升起的朝阳唤醒大街上的车水马龙。

2016 年，移动互联网创业融资一片繁荣，但无忧传媒成立时，我就拿着创业计划书找过一家投资机构，得到的答复是直播公会和经纪行业已经发展很多年了，无忧传媒成立得太晚，没机会了。2016 年初，中国互联网史上非常有名的“千播大战”打得正酣，各种口号的直播 App 在投资路演、线下大会上讲述它们的平台梦，似乎没有人觉得一家公会有什么投资价值。无奈之下，我只能拿出工作多年的积蓄，用自己的钱来验证自己的想法。当时我就想，创业

2016 年 11 月 21 日，无忧传媒第一间办公室装修完毕

失败了大不了我再去上班，反正以我的能力不愁找不到工作。好在，赌赢了。

创业往往是这样，越是超前的想法越得不到理解、得不到支持。你必须咬着牙独自走过那段最难的路，毕竟大部分人是“因为看到，所以相信”，而创业者只能从相信开始，然后让其他人看到结果，再来加入。

2016 年底，当我们的业务蒸蒸日上的时候，有件事情却让公司一夜之间危在旦夕。随着无忧传媒业务流水高速增长，一些人似乎恍然意识到手机直播的时代真的来了，于是公司的管理层和员工竟然被挖走。当时一位我很信任的运营负责人，被竞争对手公司盯上，

创业之初，熬通宵是常有的事，座位上放着大家的被子，困了就眯一会，甚至有的同事自发打地铺，连续睡了一年多

对方疯狂砸钱，诱以高薪和股份，还给他租了 1000 平方米的办公室，当时无忧传媒的办公室才 200 多平方米。最终他没经受住诱惑，在仍然在职的情况下又在外面搭建团队做同样的业务。获知真相后我非常震惊，同时也极其心痛。这次背叛事件后，我规定严禁员工在外面兼职做同样的事情，要么留下来和公司同心同行，要么分道扬镳、各奔前程。这件事也让我作为一个创业者的心智变得更加成熟。创业不是埋头做业务就足够的，风险无处不在，组织管理是极其复杂的事情，要尊重人性。

创业不是一个人的战斗，而是一群人的远征

从微博一直播第一公会，到抖音第一公会、第一 MCN 机构，到持续多月获得抖音 MCN 机构月榜第一，再到微信视频号第一公会、第一 MCN 机构，很多人会问：为什么是无忧传媒？为什么到今天你还能保持创业激情？

创业是为了赚钱吗？对我来说，这并非一个充分的理由。最早创办“同龄人”论坛完全是兴趣使然，在毕业那会儿有人愿意花 20 多万元买下论坛，被我拒绝了。那个年代的 20 多万元相当于武汉的一套房，那可能是大学毕业生几年的收入。诱惑不能说没有，但对我来说，创立“同龄人”不是为了钱，它是我们一群“发烧友”的孩子。创业之前，我在 YY 娱乐已经是核心管理人员，薪资加上期权收入可以让我过上很舒服的生活，但我还是选择了创业，而且

2016 年在 3704 办公室的墙上最醒目的一句话——“将来的你一定会感谢现在奋斗的你”

是拿着自己的钱做公司的启动资金，那意味着我做好了一无所有的准备。

即使到2023年，我也还没给自己新购一套豪宅、豪车，甚至连驾照都没有。前两年，我40岁生日时，公司里两个跟我一起创业多年的高管实在看不下去了，凑钱买了一辆商务车送给我，方便我出行。无忧传媒成立这些年，我送给主播达人及运营管理者的手机和车不计其数，我认为那是他们应得的，所有为公司作出了突出贡献的人，公司都应该给他们足够的嘉奖。

我的物欲很低，对吃穿住用行都不讲究。创业很艰难，也很刺激，我享受的是和一群人为了一个目标全力以赴的快感。在我眼里，创业不是一个人的战斗，而是一群人的远征。

我很幸运，创业这么多年来有越来越多的人愿意相信我，愿意留下来帮助我。虽然遭遇过背叛，但我依然认为创业团队的搭建只能是以心换心。一群经历不同、性格各异的人才为何要跟随我进行一场似乎看不到尽头的冒险？空喊口号是没有用的，无忧传媒几乎所有的高管都是我一个个“聊过来”的，很多人来无忧传媒之前就很优秀，但早期的他们基本都没有直接的行业经验，都跟我一起在这个新行业探索成长。他们选择加入无忧传媒，首先就是基于对我的信任。他们加入无忧传媒后，我跟他们聊得更多、更深入、更坦诚。曾经有一个跟随无忧传媒创业多年的高管说：“老雷真诚到你不忍心去欺骗他、伤害他，也不能容许别人去欺骗他、伤害他。”我不善社交，也不是一个高情商的人，我相信他们很多人都是被我的真诚打动的。虽然有自吹自擂之嫌，但我觉得这或许就是低情商的优势吧。慢慢地，这群人成了我的朋友，成了我的家人，成了我可以将后背交出去的战友。

创业者与企业家的区别在于，创业者通过满足一部分需求取得商业上的成功从而实现自我，企业家则是影响、改变，甚至重塑一个行业，影响千千万万人的生活方式，推动社会一步步向前。

无忧传媒的使命非常朴素——在追梦的路上不饿肚子。我给无忧传媒设定的愿景也很简单：让有才华的年轻人通过新媒体实现自我，助力中国新消费品牌快速崛起，走向世界。现在无忧传媒全职员工有3000多人，签约艺人已经超过10万人，其中很多人都获得了不错的收入，改变了自己的人生，也改善了家庭的生活。每个人

2018年2月6日，无忧传媒在古北水镇召开全体管理会

的背后都是一个家庭，无忧传媒发展得更好，就会有成千上万个家庭能过得更好，这是无忧传媒的责任，也是我肩上的担子。

创业 8 年，我觉得自己依然行进在一场未尽的征途中。个人的修行、企业的成长、技术的进步、社会的发展，前方还有无数未知的挑战在等着我。无论是我个人还是无忧传媒这家公司，毫无疑问，未来都会经历更多的挫折乃至失败，但这些都不可怕，可怕的是我们丧失了斗志，“战争是以一方的战斗意志瓦解来宣告结束的。”

其实不仅是创业，人生本就是一场“持久战”，活着就要燃烧自己。曾经有媒体采访时问我：如果无忧传媒未来衰落了，可能是什么原因导致的？我的回答是：除非有一天我们失去了创业心态，自己选择放弃。

2022 年 1 月 10 日，无忧传媒举行浙江总部大楼装修开工庆典仪式

没有不能创业的时代，也没有必须要创业的人生

时代的钟摆总是从一个极端摆往另一个极端。十年前，年轻人不创业似乎就代表着没有梦想，只有平庸者才会选择去打工。无数大学毕业甚至没毕业的年轻人带着梦想闯入各行各业，媒体聚光灯下都是融资几亿、身价几亿的“创业英雄”。而今天，似乎所有人都在劝年轻人不要轻易创业，考研、考公成为新主流，创业似乎又成了莽撞、无脑的同义词。

没有不能创业的时代，也没有必须要创业的人生。如果我们检索企业史，会惊讶地发现很多伟大的公司就是在萧条期成立，在萧条期实现质的飞跃。伟大的公司都是冬天的孩子。当下的中国已经成为世界第二大经济体，在很多领域已经领先全球，随着社会发展，各种各样的新需求会不断涌现。创业故事听上去很热血，但商业竞争很残酷，创业从来都是九败一胜。创业或者不创业都是一种选择，但如果你选择踏上创业这条路，我希望你不是被外部蛊惑后头脑发热，而是冷静思考、充分准备后做出了理性抉择。

比是否创业更重要的是，我们是否在年富力强的时候去努力探索自我的极限和生命的可能。从踏上工作岗位开始，我做过销售、运营、产品经理等很多工作，在每一份工作中我的精力只会关注一件事情：如何能做得更好、做到最好。在毕业后参与网吧影视系统创业的过程中，我先是负责华中地区的推广，成绩很快做到全国第一，

然后我被派到当时局面还没打开的东北地区，很快又做到全国前列。在我眼里，没有所谓的打工，我都是在拿自己的宝贵时间去探索人生的可能，我有什么理由不为自己的人生负责呢？

创业几年间，我近距离观察了更多的案例。无忧传媒成立至今，进进出出的可能已经有上万人，他们有的中专毕业，有的留学归来，

2022年8月13日，无忧传媒举办“生生不息 万象无忧”2022新办公大楼乔迁典礼，正式入驻浙江总部大楼

有的来自偏远地区，有的自小生活优渥，最后我发现那些做得最好的并不是那些“聪明人”，而无一例外都是有“创业心态”的人。因为相信，因为热爱，他们的付出远超其他人，遇到问题不是抱怨而是积极寻找解决方案，最终获得远超其他人的结果，也顺理成章地获得远超其他人的成长速度和物质回报。所以后来我把“创业文化”写到了无忧传媒的企业文化中，并且在公司内部各种场合反复强调：无忧传媒是一个创业平台，如果你抱着创业心态想来做一番事业，我鼓掌欢迎；如果你只是想打一份工、混混日子，最好早点告诉我，我们尽早“友好分手”，不要浪费彼此的时间。

社会逻辑与校园逻辑存在很大的差异。在校园中，考试的内容是具体的，评比的规则是清晰的，有人管也有人教。走入社会后，目标是需要我们自己设定的，方法也是需要我们自己寻找的，能为我们负责的只有我们自己。韶华易逝，人生短暂，无论选择什么职业、什么道路，全力以赴永远都是最好的态度。

人生如逆旅，并不容易，但很美好，值得我们为之而努力。

青年寄语

人生而渺小，天地之间我们可以自由选择的事情不多，但选择以何种态度面对生活，却在我们的能力范围之内。所谓成功，不是他人眼中的功成名就，而是找到你的天赋，发现你的热爱，以你喜欢的方式度过一生。在人生这场玩法无限的游戏中，只有你是主角，其他人都是配角，你责无旁贷，也请务必开心。

附录一

《理工男》电影[①]的诞生

① 《理工男》为该电影策划筹拍阶段使用的名称，电影最终名称以上映宣发时所使用的为准。

见证理工男的世界

——《理工男》电影总策划　**王喆**

王喆

星光国际传媒集团董事长、薄荷娱乐创始人，著名电影出品人。曾任财富地产联合集团董事长，在影视界与地产界均取得骄人成绩。已投资拍摄电视剧《男才女貌》《香格里拉》《女才男貌》、电影《情人结》《花木兰》《乐翻天》《鸿门宴传奇》等。

大家好，我是《理工男》总策划王喆。当初决定拍摄电影《理工男》时，我的内心充满了激动与兴奋。拍这部电影，不仅是为了填补中国电影市场类型的一块空白，也是希望可以打破观众对这一群体的刻板印象，深入探索理科生的情感世界。

2019年，《理工男》进入剧本创作阶段，我们采访了众多校友，得以形成现在的故事。20世纪80年代，是理工男群体的辉煌时代。那个年代，科技创新是国家的当务之急，这些人成为时代的见证者和奋斗者，他们用汗水和智慧为国家的科技事业作出了巨大贡献。然而，这些故事和人物常常被岁月的尘埃掩埋，少有人关注。我希望电影《理工男》能够重新唤起这些珍贵的记忆，让更多人了解和尊重那个时代人们的努力和付出。

有趣的是，这是我与导演李仁港多年后的再度合作。多年前，我们曾共同合作《鸿门宴传奇》，他的才华和敬业精神让我深受启发。再次与李导合作让我倍感荣幸，他对每一个细节都严格要求，用心程度和才华令我钦佩。拍摄过程中，虽然遭遇了新冠疫情的挑战，但整个团队坚守初心。感谢所有投资方、校友以及我母校华中科技大学的支持，才有了现在的成果。

电影《理工男》即将面世，我坚信，当它与观众见面时，那将是一场感人至深的盛宴。让我们一同期待，一同见证，一同解码理工男的世界。

不搅不震枉好汉

——《理工男》电影导演　**李仁港**

李仁港

导演、编剧。代表作有《锦衣卫》《鸿门宴传奇》《盗墓笔记》《攀登者》等。

拍一部校园励志电影一直是我的一个梦想。此类型影片一直稳占市场的重要部分，探其原因也非常简单：观众都希望一进梦工场，随着电影主人公再年轻一次，再重新出发一次。

道生一，一生二，二生三，三生万物。若将此语放今之时代，“一”之所指，莫有比创新精神更重要的了。这是校园给予学生的重中之重，亦是《理工男》电影要和观众分享的核心价值。

和一班可爱朝气、顽皮难驯的青年演员一起工作，除了日常服用之血压药加倍外，倒也是一场赏心乐事。拍摄他们在电影中的成长时，我也被带回四十年前，加拿大，下着大雪，念着大学的时候。让我和他们一起在电影中再毕业一次。

拍摄期间，时任湖北省副省长邵新宇与全力支持我们拍摄的华中科技大学校长尤政到现场打气，畅聊间我们无不感叹：“还是念书时是最开心的。”

电影之诞生全赖两位懂市场、有理想、行业内敢于承担的投资方——王喆先生、宋光成先生。二位皆是我亲密战友。片中除了年青一代，还得演技派冯绍峰与搞笑派肖央、王太利拔刀相助。

一大班演员在电影中各出绝招，使电影剑气纵横、百花齐放，犹如先来一杯 30 年威士忌，再喝上等茅台，吃完一碗地道热干面，再品尝法国鹅肝，务使观众看得热血澎湃，继而笑到肚痛。

不搅不震枉称好汉，不莽不撞何谓年轻！

解码理工男

——《理工男》电影总制片人 **宋光成**

宋光成

电影出品人、总制片人，星光国际传媒集团总裁。代表作有《花木兰》《鸿门宴传奇》《奔爱》等。

大家好，我是电影《理工男》的总制片人宋光成，很高兴能在这里与大家分享电影背后的故事。

题材是一部电影立足市场的根本，“理工男”是一个非常难得的好题材，具有强大的观众基础，既有市场的娱乐性又有当下的现实性。项目伊始，我们就进行了大量的采风采访，积累了许多理工男的素材，也结识了众多的社会精英，同时在创作中又按照电影的规律进行精简提炼，力求拍一部经得起时间考验的经典影片。

经过四年多的努力，完成了从策划到剧本、主创团队组建、拍摄等阶段，电影背后凝聚了几百人甚至上千人的心血，中间虽遇到了难以想象的各种困难和挑战，我们都一一去面对和解决。

在这期间，《理工男》电影得到了湖北省委省政府、省电影局，武汉市委市政府、市委宣传部，东湖高新区管委会、区党工委宣传部各级领导的关心支持，以及相关文旅、文投企业的投资参与，也得到了华中科技大学及校友会、校友企业、校友个人、武汉众多知名企业家的大力支持，借这个机会向大家表示感谢！

这部电影的时空跨度非常大，时间上从20世纪80年代跨越到当下，场景上从中国到美国，是一个宏大背景下的故事。

影片由著名导演李仁港先生监制并执导，摄影、美术、服装、音乐、道具、特效等由电影行业一线团队制作，有力保证了电影的品质。《理工男》是我和李导在《鸿门宴传奇》之后的第二次合作，大家配合默契，相互支持。在电影筹备期和拍摄期，面对演员档期、资金预算、场地、天气以及其他不可抗力等问题，我们共同努力、团结一致、共克时艰，解决了各种困难和问题，导演更是每天保持近 18 小时的高强度工作，最终在预定的周期和预算内完成了拍摄。

电影《理工男》主要在武汉取景拍摄，片中融入了武汉的城市风貌、人文历史等元素，也有光谷创业的新景象。

电影制作完成是一个重要的阶段，但最终要将它推向市场，得到观众的认可，真正起到愉悦精神、启迪心灵、传递能量的作用，我们将制定缜密的宣传发行策略和方案，将这部电影宣传好、发行好，争取社会效益和经济效益双丰收，来回馈曾经帮助过这部电影的领导、同行、朋友，还有我们这部电影的投资人。也希望这部电影能激发更多的学子投身国家的科技创新事业，为祖国的发展作出贡献。

《理工男》已于 2023 年 5 月 17 日顺利杀青，计划在 2024 年与大家见面。

附录二

《理工男》电影演员心声

理工男
李仁港 电影作品
A DANIEL LEE FILM

冯绍峰

——饰演**陈校长**

冯绍峰

演员。代表作有《鸿门宴传奇》《后会无期》《知否知否应是绿肥红瘦》等。

我是演员冯绍峰，在电影当中扮演的是陈校长，我认为他是这一群理工生的领路人。

其实在剧组里，我从李导身上找到了很多这个校长的影子。我们认识很久，从和李导合作的第一部电影《鸿门宴传奇》开始，他就给了我很多创作上和人生方面的指引；不光是给我，他对很多晚辈都是这样，给予我们无私的鼓励和指点。从他的每一部电影里，我都能学到很多东西。他不光是拍一个精彩的故事，也会表达自己一些为人的哲学和道理，对人生很有帮助。和他在一起工作，不仅仅是拍戏，我觉得可以说是一场人生的修行，这是我觉得非常重要的。

希望大家支持《理工男》，这是一部关于青春、梦想、奋斗的励志电影，希望送给每一位曾经不懈拼搏的你。

王太利

——饰演**方教授**

王太利

演员。代表作有《天将雄师》《老男孩之猛龙过江》《武林怪兽》等。

我是演员王太利，在电影里扮演方教授。这个人物很像我们上学时候的老师——跟学生之间有一定的冲突，在学生面前很严厉，非常严谨地去要求他们，但其实都是为了他们好。

这次和这么多青年演员合作，我从他们身上真的看到了希望，我也从他们身上看到我当年的影子。同时他们的专业、他们的认真、他们身上的活力都特别感染我。

大家都知道李导喜欢拍武侠片、动作片，但没想到这次李导对于这部青春励志片的认识这么深刻，而且故事写得很有青春气息。

我的角色是一群理科生的老师，经过拍摄以后，我更能理解这群理科生身上的精神，那种研习团结、科技兴国的精神。不论是在20世纪80年代，还是现在，我们都特别需要这种理工男精神。理工男精神不仅鼓舞了我们，同时也致敬了我们国家中默默付出的英雄们。

《理工男》从类型上来讲是一部有点传记式的青春片，从另外一个角度来讲，它又是一个大时代背景下的缩影，让我们可以以小见大。

希望大家能去看《理工男》这部电影，它具备了一切青春片所应该具备的商业元素，同时又能够让你热泪盈眶。当然，里面还有我贡献的喜剧表演。

王天辰

——饰演**许飞**

王天辰

演员。代表作有《我和我的祖国》《芳华》《人生之路》等。

大家好，我是王天辰，在电影《理工男》中饰演的角色是许飞。

许飞是一个非常有活力的人，在影片中他重点展现了兄弟情，105 宿舍里的其他 4 个人对于许飞来说都非常重要。

这次因为饰演一名理科生，需要提前做功课，所以认识了一些科研人员和老师。要是不接这个戏，我可能也不会有机会接触他们，去了解他们的工作和学习日常。

以前感觉理工男挺板正的，但现在演完一个理科生的角色，感觉他们其实还蛮有情调的，也很低调；当他们一说到各自的专业领域或者行业内容，就像会发光一样，很有激情。

整部戏拍下来，我时而紧张，时而放松，时而开心，时而悲伤，总体上是跟着戏走。电影对于我来讲是一种很棒的艺术形式，但和李仁港导演这样厉害的大导演合作，我的心理压力其实蛮大的。

第一次见导演是通过视频，当时我就很兴奋，后来真的在现场见到导演，我甚至有点不敢相信。他很热情，给了我一个拥抱。导演前期会让我们做很多功课，他会让我们去看一些经典影片，比如《教父》，看里面成熟的演员是怎么表演、怎么处理和表现情绪的，也会和我们分析角色，让我们在戏中甚至是戏外去找一些可以支撑这个角色的“支柱”。

希望大家可以走进电影院，支持《理工男》。我们在奋斗的路上都会遇到一些抉择和难以逃避的问题，可能看完这部电影之后，你们会得到自己的答案。

曹　骏

——饰演**王雷**

曹骏

演员。代表作有《海的尽头是草原》《遇见你真好》《1921》等。

大家好，我是演员曹骏，在这部戏中演的角色叫王雷。

王雷是学计算机专业的，成绩优秀，他是一个非常讲原则，也蛮传统的、守规矩的人，和许飞的性格相反。在105宿舍，大家刚刚认识的时候也会有一些不一样的意见，相处之后发生的故事很快让他们走到了一起，成为挚友，共同成长。

拍摄过程中我真的很开心。这是我第一次和李仁港导演合作，他是一个可以给演员安全感的导演，这很难得。在片场李导会给我们提出一些意见，走到我们身边，亲切地提醒我们。他很保护演员们的情绪，让演员在现场很放松，在一个很舒服的状态下去演戏。李导喜欢打破常规的表演，他鼓励我们要多想，要动脑子，要有思考，能够想出一些不一样的东西，比如说出人意料的表演，这也是拍完戏之后我最大的感受。

和其他几位演员虽是第一次合作，但我们很快就熟悉起来了，一起去吃饭、聊天、看电影，休息的时候放放音乐，轮流放自己喜欢的歌，大家相处得很开心、很融洽。

《理工男》是一部非常有诚意的电影，也是充满热情、充满朝气的一部电影，它不单单是一部校园电影，还有多年以后兄弟共同创业的部分。电影表达的主题和核心也是非常棒的，要强大就先要独立，中国青年有这种勇气，有这种闯劲，可以凝聚起来靠自己，为中国科技事业作出自己的贡献。

希望大家支持并喜欢《理工男》。

孙伊涵

——饰演**陆晓纯**

孙伊涵

演员。代表作有《双镜》《乘风破浪》《我心雀跃》等。

大家好，我是孙伊涵，在《理工男》里饰演陆晓纯，她是一名排球队队长。

拍摄《理工男》，给我留下了太深的印象。我觉得这部电影对我自己，包括我对整个行业的看法，都有很大影响，让我有了一个全新的认知，或者说让我有了更多的希望，也有了更多的向往，去拍一些好电影。

我是第一次和李导合作，在之前我没有遇到过一位导演会像他这样细心地在乎演员的每种情绪和感受。他特别会引导演员的一些情绪，他给我们讲戏，讲他对于这场戏的理解，对于角色与角色之间感情的理解，他会告诉你表演永远要比观众看到的多一到两步，要让观众猜不到。这是我在导演身上学到的非常宝贵的东西。

提起理工男，可能大家对他们就是字面意义上的认知，比如他们学理工、每天很固定地做一些事情、是所谓的“直男”等等，大家会有这样的一些刻板印象。但这部电影打破了很多刻板印象，你会发现他们其实和想象中的完全不一样。

因此，我非常推荐大家看《理工男》，这也是我们导演特别厉害的一点，除了讲主人公对于科技的开发创新之外，还展现了这群人生活中的感情，这是大家所不知道的那一面，我觉得这一点是更加宝贵的。

尤靖茹

——饰演**陈芳**

尤靖茹

演员。代表作有《风吹半夏》《公诉》《开端》等。

大家好，我是尤靖茹，在《理工男》这部电影中饰演陈芳，她是一个像小太阳一样，非常热情活泼、自由又比较主动的女生。

在没拍这部戏时，我对理工男的认知，首先是他们逻辑思维特别强，做事情很专注，比较慢热、比较“宅”，爱穿格子衬衫。但是通过拍摄这部戏，我感受到他们其实是很风趣幽默、很热情的，那种热情不是外向的，而是心中有一团火。

参与拍摄《理工男》对我而言是特别宝贵的一次机会。首先我非常感谢李仁港导演信任我，让我出演陈芳，他特别尊重演员，也非常保护演员，给演员足够的自由度以及创作空间，这是让我特别感动的地方。

再就是表演上，这次经历让我打破了自己的一个瓶颈，因为我也演了很多年戏，说实话，有时候想要突破自己，想找到一个突破口，但感觉比较难。我觉得导演在这方面帮了我特别多，也给予了我很多不同的思路，让我打破了自己的瓶颈。

我喜欢电影里的每一个人，我觉得他们都特别真实，也特别可爱。剧组里的小伙伴们相处得也很愉快，以后我一定会非常想念这段在剧组拍摄的日子。

《理工男》这部电影是我们一群特别有意思的小伙伴，还有我们非常优秀的李仁港导演，以及非常优秀的创作团队一起用心完成的作品，希望大家能够喜欢，多多提宝贵意见，多多支持！

曲哲明

——饰演**李文博**

曲哲明

演员。代表作有《长空之王》《青面修罗》《后来的我们》等。

大家好，我是曲哲明，在电影中饰演李文博，一个船舶工程专业的学生。

我之前对理工男的理解比较表面，认为理工男嘛，就是学理工的男生。然而通过这一次拍摄，我观察学习，听真正的理工生讲他们的故事，我觉得理工生还挺酷的。

首先是他们学的专业很酷，比如说整蛊老师，他们学以致用，想到的方法都不是我能想象到的那种传统的方法，很有趣。再就是他们很认真，钻研一道题要一天、一个星期，甚至一个月或者更久，做一项研究要一年、几年，他们把几乎全部的时间和精力用来做研究，我觉得国家和社会离不开这样的科研精神，他们是很伟大的。

《理工男》是我再次和李导合作的作品。李导是一位很有想法、很会钻研的导演。这次的电影风格让我发现导演还很浪漫，我第一次看剧本的时候，就觉得剧本的文字很浪漫，有几处情节让我觉得他写得很好玩、很高级，但像追思会这样的场景，他反而用了一种与先前大相径庭的方式表现出来，我觉得这种表现手法是很高级的。

和 105 宿舍其他几个人见面之后，我们很快熟悉起来，空闲时间我们还一起去吃饭、看电影，我们会经常沟通，促进感情。我们 5 个人合作得还蛮舒服的。

《理工男》是一个有血有肉的故事，而不是单纯的青春娱乐电影，我觉得它是真实自然的，大家看了也会觉得超出预期。希望大家支持。

樊驿宁

——饰演**何进**

樊驿宁

演员。代表作有《烈火如歌》《且试天下》《星河长明》等。

我是樊驿宁，在这部电影中饰演何进，他是机械焊接专业的，也是105宿舍的5个成员之一。

在拿到剧本之前，我认为理工男是普遍高智商的一群人，热爱高科技和一些新奇的东西，对于生活当中的一些细节都保持着好奇心，他们的动手能力都是极强的，他们有专属于他们的独特浪漫。打一个比方，他们的浪漫就像是一道数学题，它的解甚至可以铺满整个黑板，但是你要花一定的时间和一定的耐心，慢慢地去解开这道题，一步步去了解他们，你会发现他们有着属于理工生的独有浪漫，这是我对于理工生的一个新的认知。

在拍摄中，我非常感谢导演。不论是在前期排练的部分还是到了现场实际拍摄，导演都对我创造角色给予了非常大的空间。在一场戏顺利拍摄结束之后，他会鼓掌，和我们拥抱。之前有场戏，在换机位的时候，他和我说："谢谢你。"我相信不只对我，对于每个演员，导演都给予了非常大的肯定，这会让我们觉得所有的准备被肯定了，就像一个小孩子考了100分被夸奖的那种感觉。

整部戏拍下来感觉真的很舒服。我们5个人在那个宿舍里面真的会有一种相识已久的感觉，就好像我们本就应该待在一起，每天一起去食堂、锻炼、上学，不会感到任何的隔阂。在实地拍摄的时候，我们也非常默契，同时我们之间也迸发出了一些意想之外的火花。我很感谢这些人。

有一场戏，拍摄的那天阳光明媚，我们在学校的一条小路上，两边都是梧桐树，我们穿着那个年代的服装，留着当时的发型，骑着二八大杠，背着那个年代的包，包里装着旧教材——这让我产生了一种错觉：我真的在去上学的路上。我也希望所有的观众朋友们能够跟我们一起回到那个朝气蓬勃、感情懵懂的年代。

赵浩阂

——饰演**朱小福**

赵浩阂

演员。代表作有《乔家的儿女》《棋魂》《你好，旧时光》等。

你好，我是演员赵浩闳，在《理工男》这部戏里扮演朱小福。

朱小福是一个思维慢半拍、跟大家想法不太一致、脑回路有点短路的可爱大男孩，他是个热心肠，也非常善良。

剧组给我整体的感受还是挺严肃的，因为导演是一个非常认真严谨、讲求规范化的人，在拍重场戏或者大场面调度的戏之前，他肯定会找我们提前排练。他不是很喜欢开玩笑，常用一种比较严谨的态度去对待作品，但是这种严肃会让我觉得乐在其中。

李导相信演员，认为演员的状态非常重要，会在现场放一些音乐来帮助我们，他讲戏永远都是慢声细语，给我们娓娓道来。导演对我还蛮厚爱的，每一次表演他都希望我能多给他一种可能，这种信任和包容让我特别有安全感。

这部电影开拍之前李导就和我们沟通过，我们演员私下也沟通过，这到底是一部什么样的戏呢？后来发现这是有关成长的戏，也是一部需要去尊重对手的戏。这部电影特别核心的内容在于，如果想打败对手，那么就要先尊重对手，这也是我认为值得走进电影院观看《理工男》的地方。

附录三

《理工男》电影花絮照及剧照

中国工程院院士，时任湖北省副省长，现任湖北省委常委、常务副省长邵新宇探班剧组

中国工程院院士、华中科技大学校长尤政探班剧组

105 宿舍片场聊天

105 宿舍及剧组给孙伊涵庆祝生日

王天辰笑场

冯绍峰等演员剧组花絮照

冯绍峰杀青

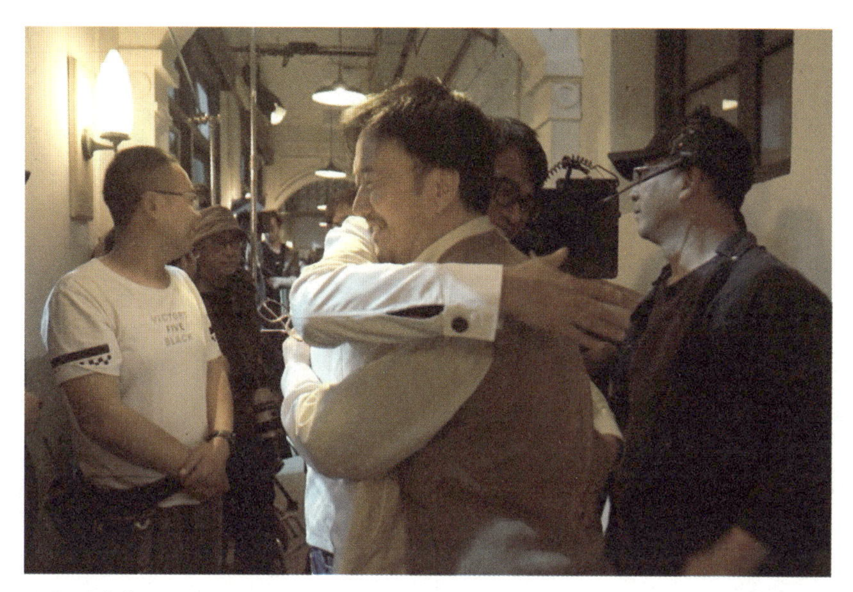

王太利杀青

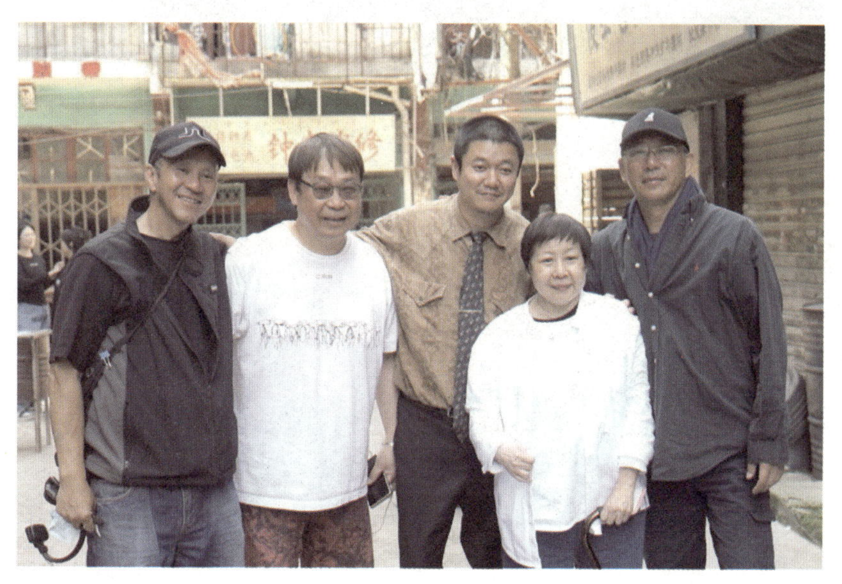

肖央杀青

理工男

理工男

理工男

理工男

后记

你能走多远，取决于你与谁同行

《论语·里仁》云：“子曰：‘见贤思齐焉，见不贤而内自省也。’”孔子的意思是见到贤人就要想一想如何与他看齐，见到不贤的人就应该反省一下有没有与他类似的毛病。这句话道出了见贤思齐的内涵——对标先进，学习榜样，反思不足，不断改进。

2005 年，我在华中科技大学攻读硕士学位时创办过一本校园杂志《青年时代》，并担任总编辑，曾带领校园记者团队推出过《中国第一古矿大冶矿区第一报告》等调查报道，一时间在华中科技大学掀起“创新研究生社会实践”的高潮。在此期间，让我记忆最深刻的事情是我参与发起、策划、组织了“华中科技大学 2004 年度校园公共人物（在校生）榜”评选活动。在校园公共人物（在校生）评选中，我们提出了“影响力、创新力、道德力”的评选标准，打破了以学习成绩为主导的传统好学生评选模式。在我看来，道德力是衡量一个人能力素质的重要指标。

在推进评选活动的过程中，我们一边采访一边思考，努力把我们与这些优秀学子交流时的每一个细节都记录下来，因为这可能引发人们对这些学子、这所学校，甚至对整个高等教育的进一步思考，既能思考华中科技大学学子的人生轨迹，又能思考华中科技大学这所年轻的一流大学的前途和命运，还能思考大学精神的走向和未来。为此，我在评选活动发榜词《你能走多远，取决于你与谁同行》中写道："时逢盛世，自强不息、不甘人后的华中大人，为'明德厚学、求是创新'这一大学理念作出了生动的诠释和形象的阐发。近看当前，果敢善谋、敢为人先的华中大人，冲破思想的坚壳，拓展理念的疆域，用思想力和创新力演绎着世纪华章。"

日月轮回，斗转星移。没想到19年后的今天，我有幸与《解码理工男》编写团队一起采访华中科技大学杰出校友，亲身见证华中科技大学学子的光荣与梦想，并把他们的真实创业故事结集出版，为广大有志青年、企业家和其他读者朋友干事创业、成长成才提供有益参考。

唐代史学家刘知幾在《史通·惑经》中指出，"良史以实录直书为贵"，要做到"爱而知其丑，憎而知其善，善恶必书"。以此为参照，《解码理工男》对华中科技大学理工男群体的奋斗征程和心路历程进行了面对面、零距离、无掩饰的记录，努力向人们呈现关于理工男群体创新创业命运的历史记忆，真正为广大青年树立一批可亲、可敬、可信、可学的身边好榜样。

记得我的一位朋友在领奖台上对台下的人说："台上和台下只有一步之遥。"其实，榜样和普通人的距离同样是"一步之遥"。

实践证明，英雄并不是天生就是伟大的，榜样也不是天生就是先进的。伟大出自平凡，英雄来自人民。坚持把每一件平凡的小事做好，就是不平凡。从这个角度上讲，每个人都可以做自己的英雄。

现实生活中，英雄和榜样的伟大与不平凡，往往是在与命运的不断抗争中锻造出来的。《解码理工男》里这群杰出的理工男曾经和我们一样默默无闻，也曾经遭受过命运的嘲弄，也曾经一无所有，也曾经在人生的路途中徘徊。只不过，他们在困难与挫折面前从未逃避、从未屈服、从未放弃，坚忍不拔地做命运的主宰者和时代的弄潮儿。

黄立、马新强、周云杰、喻鹏、黄晓庆、黄沛、李军、柴再希、张小龙、巴曙松、李玮、杨永智、姚欣、李通、雷彬艺等15位华科大理工男杰出代表，就是一个个接地气、聚人气、扬正气的身边好榜样，犹如一面面旗帜、一座座灯塔，引领人们向上向善向好，并激励人们踊跃投身到强国建设、民族复兴伟业的时代洪流中。

你能走多远，取决于你与谁同行。走近英雄，学习榜样，关键在于知行合一、学做并重。但愿越来越多的新时代奋斗者能够站在英雄和榜样的肩膀上，把握时代脉搏，把控命运轨迹，把准人生航向，奋力实现专业成长、职业成长和精神成长，努力让青春在祖国和人民最需要的地方绽放！

伟大时代呼唤伟大精神，伟大事业需要榜样引领。今年是新中国成立75周年，是实现“十四五”规划目标任务的关键之年。站在新的历史起点，我们十分庆幸自己不仅能与伟大的时代同行、与伟大的祖国同行，还能与一群自强不息、追求卓越、点亮自己、照亮别人的杰出理工男同歌同行、共赴山海！

感恩伟大时代！感恩伟大祖国！感恩伟大母校！

感谢《理工男》电影编导团队、《解码理工男》编写团队和华中科技大学出版社编校团队的辛勤付出与无私奉献！期待我们能够在未来出版的《解码理工男》系列丛书中重逢！

陈　栋

2024年4月8日

于喻家山下